U0093385

你也可以利用網路 集資創業

網路融資寶典

:眾籌

crowdfunding

閻 岩 著

目錄
Contents

目錄
Contents

前言

趕快利用網路集資創業

1

　　眾籌的概念源自國外「crowdfunding」一詞，泛指集中大眾的資金、能力和管道，為小企業、藝術家或個人進行某項活動等提供必要的資金援助。眾籌最初是艱難奮鬥的藝術家們為創作籌措資金的一個手段，現已演變成初創企業和個人為自己的項目爭取資金的一個管道。

　　著名天使投資人、雲籌創始人謝宏中表示，眾籌是一個「應籌而生、為籌所有」的投資過程，其中彙聚著廣大投資者的認可和參與。

　　而眾籌的核心是股權眾籌。

　　股權眾籌，作為一種創新融資模式，由美國網站Kickstarter的實物眾籌演變發展而來。借助互聯網服務平臺，它不僅能夠直擊小微企業融資難、融資貴的痛點，也

徹底改變了天使投資人挨個尋找專案的原始模式。

互聯網強大的創新力，加上全民創業潮的興起，加速了股權眾籌的火爆，「天使匯」、「眾籌網」、「大家投」等一大批股權眾籌平臺推出後迅速得到資本市場的認可，不僅為很多初創優質項目打開了新的融資思路，也為需求旺盛的天使投資人建起了項目聚合平臺，推動了專案與資本的嫁接。

2

綜合專家的觀點，股權眾籌具有以下顛覆意義。

一是動了「精英創業」的乳酪，掀起真正「草根創業」的大潮。創業是高資金投入、高智慧投入、高管理投入、高風險係數的事情，多數情況下失敗的機率遠遠大於成功的機率。一直以來，只有精英與富家子弟才創得起業。眾籌時代的到來，**哪怕你只是一介草根，只要你有了足夠的商業運營能力和創新的產品或模式，你就可以啟動創業**，其他的資源與資金，甚至包括團隊，都可以通過眾籌得來。籌與借、買、招的區別是，**籌來的東西既不必付錢，也無債務負擔，給參與者的是權益回報**。

二是**眾籌動了「富人投資」的乳酪，掀起真正「大眾投資」的大潮**。股權投資一直以來是富有的高淨值人士專屬權利，特別是投資於創業企業的原始股份，更是少數有錢人才能玩的遊戲。傳統的天使投資必須要具備「看得中、投得起、幫得上」三個條件。眾籌則採用「專業領投＋大眾跟投」的模式，大大降低了早期股權投資的門檻，過去一筆融資100萬元的項目，只有拿得出100萬元的人才能投得上。通過眾籌，可能只有幾萬元現金投資能力的普通民眾也有機會參與這樣的項目。

　　三是**眾籌動了「資源仲介」的乳酪，讓創業服務與資源輸入更扁平直接**。當今社會的資源，要被創業者使用大都需要通過仲介、特別價值變現管道、人脈疏通。而通過眾籌，這些需求有可能輕鬆解決。因為在眾籌的過程中，擁有這些資源的人可能會成為眾籌項目的股東，股東為了提高收益機會，為投資企業服務，都是直接的、免費的，最多付出一些硬性成本。這樣，眾多創業企業獲得服務和資源輸入的通道直接、結構扁平、效率高、成本低。一大批靠資源仲介與卡位變現者，都會在眾籌面前失去光環。

3

　　股權眾籌，雖然降低了大眾參與投資的門檻，但其特點也決定了它在高收益的同時伴隨著高風險，譬如初創項目成功率低、普通投資人缺乏專業投資知識、政策風險等等。

　　對股權眾籌平臺而言，風險管理是核心。政策未定，最大的難點在於風控。對創業者來說，應該說股權眾籌的風險是相當高的，一般投資者或者沒有投資經驗的投資者難以發現、承受如此高的風險——如有限合夥的退出機制問題、不良公司的惡意融資等等。但，股權眾籌也是新興互聯網金融的代表，對於提高融資效率、鼓勵創業發揮著重要的作用，國外良好的經驗也提供了借鑒，只要制度落實、監管到位，眾籌的風險是可控的。

　　因此，我們編寫此書，希望年輕人能抓住機會，將夢想落地，未來的股權眾籌將更為貼近創業類群體，也更為貼近用戶的生活場景。也許，下一個具有成長性的股權眾籌項目，就發生在你身邊的生活、商業和社交場景中。

　　如果創業者能夠認認真真體驗創業，借助網路平臺的好創意、好專案，青年距離實現創業夢想的道路已不再遙遠！

第一章

入門必讀
——網路眾籌的前世今生

眾籌的起源和類別

　　眾籌的概念源自國外「crowdfunding」一詞，泛指集中大眾的資金、能力和管道，爲小企業、藝術家或個人進行某項活動等提供必要的資金援助。眾籌最初是艱難奮鬥的藝術家們爲創作籌措資金的一個手段，現已演變成初創企業和個人爲自己的項目爭取資金的一個管道。

　　作家凱文‧凱利在《技術元素》一書中提到，小眾藝術家難以從長尾市場獲益，反而加劇了競爭和無休止的降價壓力。藝術家逃離長尾市場的一個辦法，是找到1000名鐵桿粉絲，無論藝術家創造出什麼作品，這1000名鐵桿粉絲都願意付費購買，藝術家由此解決基本的經濟問題。「取悅鐵桿粉絲令人心情愉快、精力充沛。它能通過物質回報，讓藝術家保持真實，專注於自己工作的獨特之處，即鐵桿粉絲所欣賞的品質。」

　　事實上，鐵桿粉絲仍屬於長尾市場的範疇，關鍵之處在於通過網路聚合作用，從一般粉絲中篩選出鐵桿粉絲，並通過方便的通信方式與鐵桿粉絲保持直接、緊密聯繫，使鐵桿粉絲始終保持死忠狀態，二者形成共生關係。

《技術元素》提到：20歲的古典女高音歌唱家阿米莉亞（Amelia）在Fundable網站上預售自己的第一張CD，計畫籌款400美元，最終籌得940美元。此後，阿米莉亞決定讓粉絲幫忙，籌集下一張專輯所需的75000美元專業錄音費用。

　　「粉絲」集體贊助藝術家的模式，在世界各國都有悠久歷史。進入互聯網時代，2001年上線運營的ArtistShare網站就開始幫助藝術家踏上尋找1000個鐵桿粉絲之旅。Fundable與這個網站一樣，被稱為眾籌平臺，共同踐行著所謂的「**粉絲經濟學**」。

　　因此，眾籌與眾包分享同樣的特徵，主要體現於基於網路、面向非特定人群、公開、廣泛。眾籌專案通過互聯網網站公開展示，流覽該網站的所有人群，均可根據自己的經濟實力、興趣愛好、專業特長、生活需求對這些項目進行贊助、支持和投資。單人的投資額很小，經過大量用戶的彙集，總投資額卻可能很可觀，從而能夠積沙成塔，幫助急需資金的個人或組織迅速獲得低成本的資金來源。

✎ 商品眾籌、股權眾籌和債權眾籌

　　眾籌模式中，以籌資人（一般稱項目發起人）向投資

者（或稱支持者）提供的回報類型爲基準，可以把眾籌畫分爲商品眾籌、股權眾籌和債權眾籌，在這三者中：

商品眾籌鼓勵了個人和小型創業團隊的創意和創新行爲。這些創意或創新經常充滿失敗風險，很難利用傳統融資管道，在熟人圈子中獲得充足的啓動資金。眾籌平臺彙集了一批支持創新、鼓勵創意的人群，普遍具備寬容、樂觀、慈善精神，其投資兼具商品預購與資助、捐助性質，旨在幫助普通人實現夢想，顯著降低了創業團隊的心理與經濟壓力，有助於促進其創意和創新，促進整個社會創新氛圍的建設。

股權眾籌可促進初創型企業的發展，幫助解決小微企業普遍存在的融資難題。而作爲普通個人投資者，傳統上被排除於企業投資之外，難以支持初創企業，也無法分享初創企業的成長收益，股權眾籌同時解決了資金供需雙方的問題，當然由此引起的風險也值得關注。

債權眾籌，其受益對象一般爲個人或小微企業主，這些人同樣被排斥於傳統金融服務之外，借由眾籌平臺（具體的說是P2P借貸平臺）形成的融資通路，他們終於可以享受正當的金融權利，由此改善生產經營、解決燃眉之急，並逐漸積累信用，作爲最終融入現代金融服務體系

的基礎。

因此，互聯網眾籌模式既提高了普通主體參與創新、金融的廣度，體現出強烈的普惠價值，又提高了參與深度，促進投融資雙方形成平等、自由、協作的契約精神。由此激發的社會價值，展現出一個更加開放、扁平、去中心化的互聯網社會與經濟輪廓，是眾籌模式帶來的更大啓發。

股權眾籌的基礎知識

股權眾籌的起源可追溯至2012年4月，美國總統歐巴馬簽署了《初創期企業推動法案》（即 JOBS 法案），允許小企業在眾籌融資平臺上進行股權融資，不再局限於實物回報。

2009年眾籌在國外興起，2011年眾籌開始進入中國，2013年正式誕生第一例股權眾籌案例，2014年出現第一個有擔保的股權眾籌項目。2014年5月，明確證監會對於眾

籌的監管，並出臺監管意見稿。

眾籌在中國處於風口，股權眾籌也逐步得到社會的認同，目前平臺數量已經達到數十家，且不斷有新的平臺湧現。

企業在股權眾籌平臺上的融資額度一般為50萬～500萬元，出讓的股權一般不超過30%；「領投＋跟投」是主流模式，募資完成後會設立專門的有限夥企業持有股權。

股權眾籌平臺的收入來源是向融資方收取一定比例的費用或股權。

股權眾籌從是否擔保來看，可分為兩類：無擔保股權眾籌和有擔保的股權眾籌。

無擔保的股權眾籌是指投資人在進行眾籌投資的過程中沒有協力廠商的公司提供相關權益問題的擔保責任。目前中國基本上都是無擔保股權眾籌。

有擔保的股權眾籌是指股權眾籌項目在進行眾籌的同時，有協力廠商公司提供相關權益的擔保，這種擔保是固定期限的擔保責任。但這種模式中國目前只有貸幫的眾籌專案提供擔保服務，尚未被多數平臺接受。

股權眾籌的特點

1.股權眾籌是一種便利的籌資工具

股權眾籌簡化了小型企業的融資程序，降低了投資機構交易的門檻，減少了發行公司的交易成本和融資成本，也加強了對參與交易的仲介機構的監管，並向仲介管道分散了部分監管職責，要求仲介管道提高對投資者的透明度。股權眾籌模式高度體現了互聯網金融的特徵：去中心化、點對點直接交易。如果運行順利，將改善中國天使投資環境，大大節省中小微企業的融資成本，也開拓了投資新管道。

2.股權眾籌直接切中小微企業的融資需求

小型公司非公開的融資管道很少，監管很嚴，而小型企業上市融資的成本很高。股權眾籌的出現正是迎合了這些小企業的融資需求。

3.股權眾籌可能涉及較大風險

目前在中國創業風險很大，很多投資都無法回收成本，90%的股權投資很可能都是打了水漂。而在大多數中國人看來，更喜歡P2P類的投資。大家對股權類型投資的認識程度還不夠，需要有更多的教育普及，未來股權眾籌才有更大的發展空間。

4.股權眾籌是一個專業性較強的投融資方式

對於投資者而言，選擇好的項目，至關重要。即使有一個好的投資項目，還需要領投人，甚至平臺，來參與一定的投資管理，幫扶專案的成長。在國外的眾籌平臺上，平臺方會對專案的估值、資訊披露、融資額等情況進行審核，只有通過審核的專案才能夠開始籌資。

股權眾籌的運營模式

中國的股權眾籌平臺按運營模式可分為憑證式、會籍式和天使式三大類。

1.憑證式眾籌

憑證式眾籌主要是指在互聯網通過賣憑證和股權捆綁的形式來進行募資，出資人付出資金取得相關憑證，該憑證又直接與創業企業或項目的股權掛鉤，但投資者不成為股東。

2012年，淘寶出現一家名為「美微會員卡線上直營店」的店鋪。該店店主是美微傳媒創始人朱江。該店鋪主要銷售會員卡，但這不是普通的會員卡，購卡者不僅可以享有「訂閱電子雜誌」的權益，還可以擁有美微傳媒原始股份100股。購卡者手中持有的會員卡即原始的股票。美

微傳媒想通過這樣的方式募集閒散資金。美微傳媒股權眾籌之初，有不少參與者。後來，監管部門叫停，美微傳媒也將這些賣出的股權又收了回來。2013年3月，一植物護膚品牌「花草事」高調在淘寶網銷售自己公司原始股：花草事品牌對公司未來1年的銷售收入和品牌知名度進行估值並拆分為2000萬股，每股作價1.8元，100股起開始認購，計畫通過網路私募200萬股。股份以會員卡形式出售，每張會員卡面值人民幣180元，每購買1張會員卡贈送股份100股，自然人每人最多認購100張。

需要說明的是，中國目前還沒有專門做憑證式眾籌的平臺，上述兩個案例籌資過程當中，都不同程度被相關部門叫停。

2. 會籍式眾籌

會籍式眾籌主要是指在互聯網上通過熟人介紹，出資人付出資金，直接成為被投資企業的股東。最著名的例子當屬3W咖啡。

2012年，3W咖啡通過微博招募原始股東，每個人10股，每股6000元，相當於一個人6萬元。很多人並不是特別在意6萬元錢，花點小錢成為一個咖啡館的股東，可以結交更多人脈，進行業務交流。很快3W咖啡彙集了一大

幫知名投資人、創業者、企業高管等如沈南鵬、徐小平數百位知名人士，股東陣容堪稱華麗。

3W咖啡引爆了中國眾籌式創業咖啡在2012年的流行。沒過多久，幾乎每個規模城市都出現了眾籌式的咖啡廳。應當說，3W咖啡是中國股權眾籌軟著陸的成功典範，具有一定的借鑒意義，但也應該看到，這種會籍式的咖啡廳，很少有出資人是奔著財務盈利的目的去的，更多股東在意的是其提供的人脈價值、投資機會和交流價值等。

3.天使式眾籌

與憑證式、會籍式眾籌不同，天使式眾籌更接近天使投資或VC（創投基金）的模式，出資人通過互聯網尋找投資企業或項目，付出資金或直接或間接成為該公司的股東，同時出資人往往伴有明確的財務回報要求。眾籌平臺主要發揮線上展示項目和線下撮合的功能。交易也都線上下完成，主要是專業投資人參與，有時一兩個人投，有時三四個人投。本質上是把VC投資前端找專案的環節搬到了網上，但好處是這樣的模式解決了專案和資金方資訊不對稱的問題，也消除了地域限制，讓更多的創業者有機會找到風投、融到資金。確切地說，**天使式眾籌應該是股權**

眾籌模式的典型代表，它與現實生活中的天使投資、VC除了募資環節通過互聯網完成外，基本沒多大區別。但是互聯網給諸多潛在的出資人提供了投資機會，再加上對出資人幾乎不設門檻，所以這種模式又有「全民天使」之稱。目前大多數股權眾籌平臺都是這種模式，以天使會，大家投、原始會、好投網等為代表。

目前，股權眾籌投資典型流程如下：

1. 明確預約融資額範圍確定可轉讓的股權

小微企業或創意專案的發起人首先必須確定預約融資額度和擬出讓的股份，設定融資額度的範圍以及相應的股權出讓比例，並設定可接受範圍內的擬籌資金額、可讓渡的股權比例及籌款的截止日期；同時根據這些因素製作好股權眾籌項目策劃書或股權眾籌商業計畫書；然後向眾籌平臺提交股權眾籌專案策劃書或股權眾籌商業計畫書。

2. 眾籌平臺審核股權眾籌專案策劃書或股權眾籌商業計畫書

眾籌平臺審核小微企業或創意專案的發起人所提交的股權眾籌專案策劃書或股權眾籌商業計畫書，審核的範圍具體包括但不限於真實性、完整性、可執行性以及投資價值等。

3.眾籌平臺發佈股權眾籌資訊

眾籌平臺審核通過後，即在網路上登載發佈股權眾籌資訊，披露小微企業或創意項目的發起人所提交的股權眾籌專案策劃書或股權眾籌商業計畫書。

4.領投人或眾籌平臺對股權眾籌專案進行盡職調查

股權眾籌專案的投資最好有個領投人，便於將來參與股權眾籌專案的經營管理或監督，規範運營。對於眾籌專案，考慮到投資安全，防範投資風險，最好由領投人對股權眾籌項目進行盡職調查。

如果沒有領投人，則應當先由眾籌平臺對股權眾籌專案進行初步的盡職調查。

5.眾籌平臺的會員或使用者流覽股權眾籌資訊及領投人（或眾籌平臺）的盡職調查後，確定預約投資意向

眾籌平臺的會員或用戶，在流覽完畢股權眾籌資訊後，可以通過線上瞭解、線下接觸或路演（Roadshow）的方式對股權眾籌專案進行充分瞭解，確定是否參與股權眾籌項目的投資預約，並在目標期限內承諾或實際交付一定的保證金給眾籌平臺確定的資金託管機構（可能是商業銀行或協力廠商支付機構）。

6.期限屆滿，確定股權眾籌預約完成或失敗

股權眾籌目標期限截止，預約籌資成功的，出資人與籌資人簽訂相關協定，支付股權投資款項給眾籌平臺確定的資金託管機構，辦理相關股權變更登記手續，再由資金託管機構將全部的股權投資款項支付給進行股權眾籌項目的小微企業；籌資不成功的，資金退回各出資人。

股權眾籌的投資方式

✎ 股權眾籌的參與主體

股權眾籌運營當中，主要參與主體包括籌資人、出資人和眾籌平臺三個組成部分，部分平臺還專門指定有託管人。

籌資人。籌資人又稱發起人，通常是指融資過程中需要資金的創業企業或專案，他們通過眾籌平臺發佈企業或專案融資資訊以及可出讓的股權比例。

出資人。出資人往往是數量龐大的互聯網用戶，他們利用線上支付等方式對自己覺得有投資價值的創業企業或

項目進行小額投資。待籌資成功後，出資人獲得創業企業或專案一定比例的股權。

眾籌平臺。眾籌平臺是指連接籌資人和出資人的媒介，其主要職責是利用網路技術支援，根據相關法律法規，將專案發起人的創意和融資需求資訊在網上發佈，供投資人選擇，並在籌資成功後負有一定的監督義務。

託管人。為保證各出資人的資金安全，以及出資人資金切實用於創業企業或專案和籌資不成功的及時返回，眾籌平臺一般都會指定專門銀行擔任託管人，履行資金託管職責。

✎ 個人直接投資

這種投資方式與網上購物類似，投資者直接流覽平臺上列出的可投資專案，然後挑選個人認為有潛力的企業進行投資。籌資專案成功，投資者支付資金後，包括轉讓協議、股權憑證在內的檔都通過眾籌平臺的電子化程序進行處理。當然，與購物時關注產品的型號、性能不同，投資者此時需要關心的是企業創始人的背景、行業情況、主要產品、發展潛力，在此基礎上綜合做出風險收益分析。

如果項目投標滿額，投資者會收到股權證明、投資協

議書等紙質檔，以證明投資者作為股東的身分和未來收益憑據。一般情況下，眾籌平臺都會委託專門的投資公司或者律師事務所來處理檔內容。

　　例如Crowdcube聘請了Ashford LLP來處理合同和股權手續。籌款結束後Ashford LLP會先給投資者發送電子郵件，投資者在七天之內可以提出問題或者撤回資金。最終確定之後，投資者會收到紙質版的檔。

　　個人直接購買股份的方式對於投資人的要求比較高，投資人必須要對項目非常熟悉，具備一定的行業經驗。平臺上一般會提示投資風險，強烈建議投資者採取小額單筆投資，多樣化行業專案的方式分散風險。有些平臺還會代表投資者持有股份和管理投資，投資者可從平臺及時得到投資回饋和企業的發展狀況，公司發放分紅或者轉讓股份同樣由該平臺轉移給投資者。這樣就免去了同時持有多個公司股票的投資者的繁瑣日常管理事務，當然，平臺會收取一定的管理費用。

✎ 集合投資

　　單獨投資對於投資人的專業知識要求較高，而籌資人也往往會遭遇一個又一個投資者的單獨調查和諮詢，需要

付出大量的精力和時間進行交流。為了加快籌資進程，讓專業投資者和普通投資者更好地分配時間與精力，提高眾籌的效率，股權眾籌平臺開始引入了一種「領投＋跟投」的制度，俗稱「領投人」制度。

「領投人」制度的普遍性特點是指定一名具備資金實力、投資經驗或某方面專業技能的人員充當投資的領導者與協調人，其他投資人追隨領投人進行投資。較早實施這種制度的是國外著名的股權類眾籌平臺AngelList，稱為辛迪加（Syndicates）。

其運作原理是如果某個投資人對某個項目感興趣，可以創建一個辛迪加，自己投出該專案所需的部分資金，然後通過自己的社交網路、人際圈子，快速募集剩下的資金。在這種模式下，辛迪加的組織者承擔著類似於VC的職責：發掘專案、識別風險。與此同時，他也享有額外的好處：第一是槓桿效應，組織者通過自身資金撬動更大一批資金；第二是附加收益，由於組織者承擔了組織工作，可以多得一部分股權或收益；第三，組織者擁有更大的議價權和影響力，甚至可與籌資人簽訂協定，擔任公司重要股東，參與公司的管理。

參加辛迪加的其他投資者相當於投資了一個無年費的

風險投資基金，他們往往信賴組織者的專業經驗，願意把自己的資金投入辛迪加的專案中，這種方式省卻了投資者在挑選專案、後續管理方面的時間和精力。另一方面，這種方式突破了最低投資額限制，

辛迪加機制使得「貧窮」的投資者可以成為公司的股東，這也是投資者投資陌生行業的討巧方法。辛迪加模式客觀上要求組織者具備較強的能力，例如：創投經驗、聲譽、號召力和社交能力等。因此，知名的天使投資人在辛迪加模式中大受歡迎，初創企業也更願意接受明星級別投資人的投資，一方面知名投資人能使專案獲得高度關注；另一方面，能幫助企業在短時間內籌集到預定目標的資金。

以中國的天使匯在領投人規則中對領投人的資格要求為例——「在某個領域有豐富的經驗，獨立的判斷力，豐富的行業資源和影響力，很強的風險承受能力；能夠專業地協助項目完成BP、確定估值、投資條款和融資額，協助路演，完成本輪跟投融資。」這實際上是一個很高的門檻。

領投人獲得報酬的方式類似於傳統的基金分成，投資者最終的回報中將分出10%～20%給予組織者，具體比例視乎專案而定。另外，領投人一般還會得到額外的股權獎

勵，數目由創業企業與領投人協商決定。從這個意義上，領投人相當於一個不隸屬任何公司、組織的基金管理人，分享專案分成。

　　爲了實現集合投資，領投人和跟投人通常會簽訂管理協議確定雙方的權利和義務。如果人數較多或者股權協定比較複雜，雙方也可以成立合夥企業，以SPV（註）等形式來參與企業的管理中。有限合夥企業把投資人聚集在一起共同投資初創項目，在法律關係上更爲清晰。

　　有限合夥制這種特殊的企業形式有效解決了投資者與創業企業之間的權、責、利問題：（1）一般合夥人與創業者進行溝通、交流，普通合夥人作爲出資方享有重大事項的投票權，但不用參與一般性事務；（2）這種制度最大程度上保障了投資者和創業者雙方的利益——創業者得到必需的資金，日常業務不會受到過分干擾；有一般合夥人的監督和交流，普通投資人的風險降低，同時無需投入過多精力。

　　註：SPV 為 Special Purpose Vehicle 的簡稱。在證券行業，SPV指特殊目的的機構，其職能是在離岸資產證券化過程中，購買、包裝證券化資產和以此為基礎發行資產化證券，向國外投資者融資。

國外眾籌平臺代表

　　截至2013年6月，根據Crowdsoucing.com的統計資料，全球共近2000多家活躍的眾籌平臺在運營，大部分分佈在北美地區和歐洲地區。這些平臺合計募集了近百億美元的資金，並支持了超過300萬個項目。

　　根據專案所提供的籌款回報來劃分，眾籌分為四類：股權眾籌融資、債務眾籌融資、獎勵眾籌融資和捐贈眾籌的方式融資。

　　其中，獎勵眾籌融資占眾籌融資平臺的數量最大，並且保持較快的複合增長率，複合增速達79%；而債務眾籌融資在眾籌融資平臺的占比最小，複合增速為50%；股權眾籌融資則保持最快的複合增長率，達到114%，主要在歐洲呈現高速增長。在籌資效率上，財務回報型的眾籌平臺──股權眾籌融資和債務眾籌融資在諸如應用軟體和電子遊戲開發、電影、音樂和藝術領域表現得非常有效率。其中債務眾籌平臺的融資效率最高，該類平臺上的項目從發起到完成募集的時間只有股權眾籌和捐贈眾籌的一半。

而股權眾籌則在籌資規模上突出，超過21%的項目的融資額都超過250000美元，只有6%的專案所籌集的資金規模小於10000美元。股權眾籌也因此成為中小企業融資的一種可行的替代方式。

其中以獎勵眾籌融資和捐贈眾籌融資為主的公益性眾籌平臺主要是迎合資金提供者的個人精神訴求，比如環境保護、社區活動等。這類平臺融資的規模通常比較小，三分之二的項目融資的資金都少於5000美元，只有10%的專案融資規模超過10000美元，剩下的17%的融資規模在5000～10000美元之間。

目前，國外運營最成功的眾籌平臺是創立於2009年的Kickstarter。其創始人Perry Chen曾因為資金問題被迫取消了一場籌畫中的新奧爾良爵士音樂節上舉辦的音樂會，這讓他非常失落。於是，為了幫助和他有一樣經歷的人走出困境，他開始籌建這個募集資金的網站。

Kickstarter的運營模式，是由籌資人提出其創意構思或產品概念，然後由Kickstarter通過視頻、文字或圖片向投資者發佈該資訊，作為其做出投資決策的基礎。如果總的投資金額達到目標金額，籌資人便可用這筆錢進行產品的開發和生產，而Kickstarter則向其收取5%的籌資

額提成。

在盈利模式上，眾籌平臺主要通過向籌資者收取一定的交易費用（傭金）來獲取收益，傭金的數額按支付給籌資者資金的一定比例來確定，支付比例從最低的籌資規模的2%到最高的25%不等。其中北美和歐洲由於眾籌平臺之間的競爭程度較高，平均傭金比例爲7%，低於世界其他國家8%的平均水準。此外，眾籌平臺還有一部分收入來源於向投資者收取的固定費用，大約是每個專案15美元的平均水準。

2008年的全球金融危機對世界經濟產生了巨大衝擊，歐美銀行業的借貸行爲加劇了中小企業的融資困境。這種背景下，融資門檻低、效率高的股權眾籌模式應運而生，並迅速獲得了市場認可，眾籌平臺不斷湧現，其中以英國的Crowdcube、美國的AngelList、WeFunder最具代表性。

✎ Crowdcube

Crowdcube於2011年2月正式上線，是全球首家股權眾籌平臺，主要爲初創企業募集資金。截至2014年7月10日，Crowdcube共爲131個項目成功融資，籌資總額超過3000萬英鎊，投資者達8萬餘人。

為提高融資效率，Crowdcube制定了一套標準化流程：融資方首先提出申請，對專案相關情況進行細緻描述，並製作融資計畫書，主要說明擬轉讓的股權比例、目標融資金額、股權類型（A、B兩類，A類有投票權）、籌資期限。

　　Crowdcube進行真實性審核後，安排專案正式上線。投資者根據偏好對專案進行篩選，並可通過Crowdcube以及Facebook、Twitter等社交網路，與融資者直接交流以做出投資決策。根據規定，投資者最低出資額為10英鎊，無最高額限制。募集期滿後若融資成功，Crowdcube與其合作律師事務所將會同發起人完善公司章程等法律檔，併發送給投資者確認，投資者確認後，資金將通過協力廠商支付平臺轉帳到融資方帳戶，投資者收到股權證明後即完成整個融資流程。若募集期未滿而投資總額已達到融資目標，發起人可以增加目標金額，繼續融資。目前，Crowdcube免收會員費、專案發起費，但融資成功後將向融資方收取500英鎊的諮詢管理費以及融資總額的5%作為手續費。

✎ AngelList

　　AngelList成立於2011年，至今已經為一千多家初創

企業成功融資，總額超過3億美元。AngelList創建之初更像是一個連接初創企業和投資者的社交網站——企業通過AngelList線上展示創意和項目，如果投資者感興趣，雙方一般會選擇線下接觸和談判，達成意向後，AngelList幫助雙方生成融資所需的相關法律檔，除此之外，所提供的服務非常有限。2012年，美國股權眾籌市場迅速膨脹，AngelList抓住時機完善了線上服務內容，使得投資者可以一站式完成股權投資，良好的客戶體驗有效提升了AngelList平臺的知名度。

2013年，AngelList在平臺上推出「辛迪加」（Syndicates）模式，由一名專業投資者作為項目領投人，並負責聯合其他投資者跟投，專案籌資成功後，由領投人負責管理股權資金，監督專案實施，以幫助跟投人盈利。作為回報，領投人可以從跟投人最終的投資收益中提取5%～15%的傭金，而AngelList則收取5%的服務費。這種「辛迪加」模式與VC的機制頗為相似，不僅能夠激勵領投人發揮專業技能和人際資源，而且可以降低非專業跟投人對項目的顧慮，進而使得整個融資流程更加高效。「辛迪加」上線不久，AngelList又推出「擁護者投資」（Backers）模式，該模式的運作主要是基於普通投資者對領投人的信

任。具體而言，某個領投人公開表示願意出資進行股權投資，但是投資項目不確定，如果其他投資者信任該領投人，即可進行跟投，籌資成功後，回報機制與Syndicates基本相同。

✎ WeFunder

WeFunder創立於2012年1月，主要為科技型初創企業提供融資服務。與一般股權眾籌平臺不同的是，WeFunder在整個融資過程的介入程度更深。

根據流程，WeFunder接到專案發起人提交的上線申請後，會組織專業人員對其進行深入調研，瞭解資訊真實性和專案價值。這種嚴格的審核方式雖然限制上線速度，但卻提高了項目品質和融資成功機率，在已經完成融資的專案中，多數籌款達到了數百萬美元。項目被允許公開融資後，若投資者有意向，則將資金直接轉入WeFunder專設的專案資金託管帳戶，並可在融資期限內隨時要求撤回資金。在項目融資成功後，WeFunder會將所有投資該專案的資金集中起來成立一個專項小型基金「WeFund」，通過該基金入股創業企業。基金成立後由WeFunder的專業投資顧問負責運作和管理，並代行所有投資者的股東權

力。對融資方而言，所有投資者只相當於一個集體股東。根據WeFunder提供的法律合同，在專案實施過程中，投資者不能要求退出或轉讓，而是由負責「WeFund」基金的專業顧問自行決定何時轉讓集體股權以及向投資者分配收益。WeFunder在融資成功後收取2000至4000美元的專案管理費，以支持「WeFund」基金的日常運作。如果最終成功退出項目，WeFunder將再度分享投資收益的10%。在「WeFund」模式中，對投資者專業知識要求不高，只需其足夠信任。

WeFunder專業團隊的管理水準和職業道德。這種模式創立以來受到了市場歡迎，為很多專案籌集了充裕的資金，其中僅飛車（Flying Cars）項目就籌得3000萬美元。

歐盟眾籌市場現狀

眾籌在歐洲與小微企業發展和振興經濟密切相關，尤其是股權模式和借貸模式，憑藉其直接將投資者和企業連接起來的新型融資形式，為歐洲小微企業擺脫困境提供了重要途徑。目前，歐盟各國的眾籌活動呈多樣化和規模化發展趨勢，監管者的焦點主要集中在涉及金融和投資的眾籌服務，然而由於不同國家眾籌的市場情況和需求存在差異，各國的監管標準也很不一致。歐盟若想形成對眾籌市場建立一個統一的監管標準，任重而道遠。

在歐洲市場中，眾籌與小微企業發展和重振市場密切相關。歐盟已將眾籌納入「2020戰略」，將之視作提升就業水準和歐洲企業發展的新型而重要的途徑，必須大力推廣和發展眾籌平臺，以實現歐盟到2020年的經濟發展戰略目標。眾籌在歐洲各國發展迅速，不僅產生了多樣的模式，而且規模也逐漸擴大，進入了監管者的視線，各國政府在鼓勵眾籌的發展的同時，也需要應對各種潛在問題。

✎ 歐洲對眾籌的定義

目前，眾籌在歐盟範圍內還沒有形成一個統一的定義。歐盟委員會的表述是「一種向公眾公開地為特定專案通過網路籌集資金的行為」；英國金融行為監管局的表述是「一種人們可以通過線上門戶（眾籌平臺）為了他們自己的活動或企業進行融資的方式」；法國則將眾籌重新命名為「參與性金融」，「是一種允許以為一個創新項目或企業融資為目的，向一大群人籌集資金的金融機制，主要通過網路進行」；義大利則將眾籌的概念局限在創新企業融資的語境範圍內，是一種「創新初創企業通過網路門戶籌集風險資本」的金融活動，類似俗稱的股權眾籌。

在這些表述中，歐委會的定義最廣，基本涵蓋了所有類型的眾籌活動，無論眾籌的目的和性質；英國和法國的定義在一般項目性籌資的基礎上，都強調了「企業融資」，明確了眾籌既可以具有非營利性也可以具有商業性或金融性；而義大利的定義最狹義，眾籌的目的就是企業融資。可見，歐洲的組織、國家政府或主管部門對眾籌的認識並不完全一致。但綜合看來，還是可以總結出**眾籌的三大關鍵因素：即以廣泛的公眾為對象、線上參與，以及將投資者和用資者聯繫在一起的網路平臺。**

✎ 歐盟市場主要眾籌模式

在歐盟眾籌市場中，現有的眾籌模式主要分為三種：

股權模式：個人向公司或項目投資，以其盈利或收入的份額為回報。

借貸模式：向公司或一個項目放貸，以本金和約定的利息為回報。

捐助或獎勵模式：個人慈善性的投資，一般無金錢回報。

一些國家最普遍的是捐贈或獎勵模式。主要用於資助社會性、公益性或創意性產品或公司，捐贈類沒有任何回報，而獎勵類往往沒有任何金錢回報，而是饋以產品或實物，如唱片、門票或象徵意義的紀念品等。奧地利、比利時、丹麥、愛沙尼亞、法國、德國、希臘、愛爾蘭、義大利、荷蘭、葡萄牙、西班牙、瑞典、英國等絕大多數歐盟國家都有此類眾籌平臺。

其次是借貸模式，主要方式是投資者通過充當經紀人的平臺，向企業或個人提供貸款以獲取利息，分別稱為P2B和P2C模式。除保加利亞、希臘、匈牙利、羅馬尼亞、瑞典、丹麥等國之外，大部分歐盟國家都有借貸類眾

籌平臺，但根據各國不同的制度，實踐中存在幾種不同模式，主要有貸款、預售和售後回租三種。

最基本的是有息貸款或後償貸款模式，投資者和發起人之間是借貸關係。在法國、德國等國，個人和企業都可以發起，而另一些國家對發起人有限制，如比利時只有企業可以發起，而愛沙尼亞只允許個人發起。另一種模式是預售，發起人以已完成的產品或服務為回報進行借貸，與投資者之間形成預售合同關係，如葡萄牙和西班牙，其中前者在中國目前只有預售模式的借貸平臺。由於借貸在葡萄牙屬於信貸或金融交易，必須獲得相應牌照，所以平臺通過預售方式進行規避。

第三類是股權模式，與中小企業發展密切相關，是歐盟眾籌市場中最為重要的模式。但由於涉及金融服務法律法規的規制範圍，大多數國家政府監管態度不明確，因而股權模式在各國的發展情況很不一致。

一些國家根本沒有此類平臺，如愛沙尼亞、匈牙利、愛爾蘭和葡萄牙，一些國家即使有一兩個平臺也從未發起任何專案或專案極少，如丹麥、比利時和保加利亞，而另一些國家，如法國、德國、英國、荷蘭等則有數家股權眾籌平臺，並在實踐中開發出了各種操作模式。第一種是

隱名合夥的投資經紀或合同經紀（Broker）模式，平臺不提供任何投資建議，也不支持線上認購，只作單純的視窗展示，可以規避牌照或許可，如德國、義大利、奧地利等國的大部分股權眾籌平臺採取這種模式；第二種是金融服務機構模式，平臺向監管部門申領了金融服務牌照，不僅展示專案，而且提供有價證券或投資產品的交易市場，如奧地利和德國的一些平臺；第三種是合作模式，即平臺與一家有牌照的投資公司合作，將投資服務部分交給投資公司操作，主要見於希臘；第四種是聯合帳戶模式，平臺為避免被歸類為金融服務機構，僅說明投資者和發起企業線上設立一個為眾籌項目特別開立的聯合帳戶，主要見於西班牙。

可見，目前歐盟市場中最廣泛的是捐贈或獎勵模式，其次是借貸模式，股權模式在許多國家也有嘗試。不同模式的交易結構各不相同，潛在問題也需要分類對待：對於捐贈獎勵模式，主要在於公益目的和用資約束，一般現有關於慈善或捐贈的法律就可以進行調整；對於借貸模式，預售類和售後回購類可以通過合同法調整，而貸款類則可能涉及消費者信貸等問題；股權模式的問題較多，主要集中在發起人的說明書義務、平臺的金融服務或投資服務資

格，以及是否或在什麼條件下可以獲得相應豁免。此外，三類模式的平臺都還有一類共同問題，即平臺線上轉帳是否構成匯款服務，專案成功前平臺暫存投資資金是否構成吸納公眾存款，平臺是否需要相應的支付牌照或許可。

大陸眾籌先行者——十大平臺

相對於國外眾籌的風生水起，眾籌平臺在大陸的發展才剛剛起步。

目前，放眼大陸的眾籌行業市場，截至2014年7月，有分屬於股權眾籌、獎勵型眾籌、捐贈性眾籌等不同形式的平臺數十家不等，並且嶄露頭角。

他們為有夢想、有創意的人籌資、築夢，更打破了傳統的融資模式，使每一位普通人都可以通過眾籌模式參與到專案的創作和活動中去，使得融資的來源者不再局限於風投等機構，而可以來源於大眾。然而大陸市場龐大，人才濟濟，這預示著眾籌在中國將會有良好的發展前景，勢

必迎來互聯網金融發展的新高潮。

以下是互聯網學者統計的大陸十大最具影響力的眾籌平臺：

1. 眾籌網

眾籌網於2013年2月正式上線，是大陸最具影響力的眾籌平臺，是網信金融集團旗下的眾籌模式網站，為專案發起者提供募資、投資、孵化、運營一站式綜合眾籌服務。

眾籌網自2013年9月發力推出系列獨具創意的專案，深受廣大用戶歡迎，聯合長安保險推出的「愛情保險」項目籌資額超過600萬元，創最高籌資記錄。「快男電影」項目近4萬人次參與，創參與支持人最多記錄。

2. 京東眾籌

2014年7月1日，京東金融第五大業務板塊——眾籌業務「湊份子」正式上線，並同期上線12個新奇眾籌項目，其中包括7個智慧硬體專案，5個流行文化項目。京東的產品眾籌主攻智慧硬體和流行文化，目標使用者為熱衷於3C及流行文化的消費用戶。「湊份子」將結合京東商城的全品類平臺和優質客群優勢，打造出門檻低、新奇好玩、全民都有真實參與感的眾籌平臺。

3. 淘寶眾籌

淘寶眾籌是一個綜合性的獎勵眾籌平臺，分為影視、科技、設計等8個專案。早在2013年雙12期間，淘寶推出「淘星願」眾籌平臺。初期以明星為賣點，由明星發起項目，粉絲幫助其實現願望。隨後，「淘星願」延伸出「淘寶眾籌」面向大眾。今年3月底，兩者合併為「淘寶星願」，新增音樂、書籍、公益等項目，此次名稱又變回淘寶眾籌平臺，可見阿里或將發力佈局眾籌領域。

4. 樂童音樂

樂童音樂是一個專注於音樂行業的專案發起和支援平臺，提供兩種籌資模式：（1）選擇靈活的預售籌資模式，不論最終是否達成你的籌資目標，都可以獲得一定的籌資金額，說明自己完成音樂創意專案，給予支持者回報；（2）選擇固定的籌資模式，如果最終未能達到籌資目標，資金將返還給支持者。

5. 追夢網

追夢網於2011年9月20日正式上線，其目標是推動科技及文化創新，讓有夢想有創意的年輕人都可以創造最想要的自己。上線以來，追夢網共上線音樂、電影、出版、人文、旅行等各種類型項目數百個，總籌資額達人民幣

300多萬。2011年追夢網被評爲2011年下半年互聯網優秀創業企業。2012年11月追夢網獲得《創業家》雜誌主辦的全國權威性創業比賽黑馬大賽冬季賽30強。

6.創客星球

創客星球於2014年6月18日正式上線，是一個爲創意項目和想法提供集資的平臺和社區。爲創業者、發明家、設計師和所有創造性人群提供實踐偉大夢想的機會。同時創客星球也是全國首個原創電視眾籌節目，節目中各種新潮酷炫的產品創意大多還屬於研發設計，或是新一代產品的開發階段。

7.大家投

大家投起初命名爲「眾幫天使網」，2012年12月10號，更名爲「大家投」，並正式上線。「大家投」的特色在於推出「領頭人＋跟投人」的機制，還推出先成立有限合夥企業再入股項目公司的投資人持股制度，推以及資金託管產品「投付寶」。

8.天使匯

天使匯成立於2011年11月，是中國首家發佈天使投資人眾籌規則的平臺。天使匯旨在發揮互聯網的高效、透明的優勢，實現創業者和天使投資人的快速對接。截至2013

年10月份,天使匯平臺上總共完成了70個項目,2.5億人民幣的融資。在天使匯平臺上註冊的創業項目達到8000個,通過審核掛牌的企業超過1000家,創業者會員超過22000位。

9. 中國夢網

中國夢網是掌門旗下創新型眾籌平臺,是浙江衛視《中國夢想秀》助力團成員,為夢想發起人提供平臺、資金、宣傳和資料支援。自2013年10月創立至今,上線項目近百個,累計籌資超過200萬元。其中《全職高手》書冊出版專案,總籌款達35萬元,完成度175%;中國首個比特幣參與捐助的眾籌專案「關注留守兒童的新年願望」提前10天眾籌成功,完成度101%。

10. 匯籌網

匯籌網是中國最權威的專注於眾籌導航資訊的平臺,自2014年7月初推出以來迅速受到眾多創業者,以及投資人的青睞。匯籌網已收錄了大量優質眾籌專案資訊,以及主流眾籌網站。為創業們提供了大量的優質創業專案作為參考學習對象,同時也提供更多融資平臺資源,在這裏能更近距離地認識眾籌融資,更詳細地瞭解各家眾籌平臺的優勢與資源。同時投資人也在這裏得到更多的優質專案資

訊,一站式比較選擇,更快,更便捷地抓住好專案,抓住投資機遇。

樂童音樂
　　——籌集資金完成音樂夢想

　　樂童音樂眾籌平臺於2013年1月正式對外開發上線,截至目前,已經發起超過200個音樂籌款專案,籌集資金總額近200萬元,是中國最大最專業的專注於音樂行業的眾籌服務平臺。

　　無論你是一個默默無名的獨立音樂人,還是一個有萬千粉絲的知名樂隊,都可以在這裏發起你的夢想,通過與樂迷的互動支持,給予支持者獨特的回報,取得他們的支持,籌集資金,完成音樂夢想。

◎音樂夢想照進現實的平臺

　　樂童音樂是中國為數不多的音樂垂直類眾籌網站之

一。看到太多樂隊、音樂人為夢想在苦苦堅持，受眾籌平臺 Kickstarter 的啟發，作為資深樂迷，樂童音樂創始人馬客做出了他人看來很瘋狂的舉動——賣掉上一個創業公司，拿錢創辦樂童音樂，為音樂人搭建一個互聯網平臺，整合一切可能需要的資源。

2013 年 12 月 25 日，「音樂天堂全媒體」發佈了「音樂天堂 SOLO 音箱」，並通過樂童音樂提供的眾籌平臺接受預定獲得啟動資金。眾人拾柴火焰高，項目上線僅 13 個小時即完成原定 38888 元的目標。歷經 2 個月，共有 315 名支持者，「音樂天堂 SOLO 音箱」在樂童音樂平臺上籌得 165062 元，以 425% 的高比例超募成功。

通過眾籌預售的形式，「音樂天堂全媒體」不但籌集到了開發生產音箱所需要的資金，也將大批想說明《音樂天堂》完成專案目標的老讀者彙聚在一起，為同一個夢想共同努力。對於這樣一個遠遠超出預期的結果，「音樂天堂全媒體」表示：「這是將讀者當年的熱愛、激情、夢想、懷念在互聯網時代轉化為生產力的最佳方式，對高品質高格調音樂的熱愛幾十年如一日的支持者，讓《音樂天堂》開始了新的征途和大家一起擁抱音樂夢想！」

音樂眾籌，將熱愛音樂的陌生群體彙聚在一起，懷著對音樂的熱情，完成一個個正在起步的音樂夢想。無論是

專案發起人還是專案支持者，大家齊心協力共同將一個夢想變為現實，這種共同創造的參與感是難以言喻的。

◎眾人助力實現音樂夢想

凱文‧凱利曾經提出「1000個鐵桿粉絲理論」──藝術家比如畫家、音樂人、電影製片人、攝影師或者作家，只要有1000個絕對忠誠粉絲的支持就能維持體面的生活。

樂童音樂試圖首先說明音樂人培養1000個鐵桿粉絲。2013年11月20日，樂童音樂與眾籌網合作的「原創音樂支援基金」啟動。基金首期金額100萬人民幣，用於支持原創音樂人發起音樂相關專案。樂童網和眾籌網想以眾籌概念跟音樂進行更多結合，讓音樂人懂得如何跟他們的粉絲進行互動。

MC小老虎，中國較早嘗試眾籌項目的項目發起人之一。小老虎的首張專輯製作費用有一部分來自眾籌。他設定1個月的期限，金額1萬元，籌集成功只用了4天。這個過程對他來說是一個淘金的過程，「淘金並不是說這1萬元錢，而是像凱文‧凱利說的1000個粉絲」。當時，MC小老虎用網路漂流瓶的方法跟粉絲進行互動，讓他深感與粉絲的關係「不僅僅是做一張唱片賣給他們，而是每一步都和一些從未蒙面的朋友產生聯繫」。這也是眾籌的美妙之處，

眾籌不僅為音樂人籌集資金，在互聯網時代也是有著共同夢想、共同期待的人與人之間的紐帶。

糖蒜廣播，是一家民間廣受歡迎的網路電臺。為了讓更多的糖蒜廣播的支持者能夠聽到高品質的節目，體驗到更好的服務，樂童發起了為糖蒜廣播用戶端開發的籌款專案。在籌款過程中，一位支持用戶留言：「我愛糖蒜，我怕它沒了！」這句話很快得到了其他糖蒜粉絲的共鳴。有很多人在支持留言裏留下了對糖蒜廣播的熱愛，短短3個月內，越來越多的支持者出現，一共籌集到10萬餘元，成功完成眾籌目標。這或許就是眾籌的力量，為了一個人的夢想實現，很多人寧願拿出自己的資金幫助他完成夢想，而每一個支持者從中也得到了發自內心的愉悅和幫助他人的幸福。

◎用互聯網思維改造音樂產業

從2012年9月樂童音樂內測上線，到2013年初正式開放上線，一個默默無聞的新平臺怎麼開始第一單？大腕音樂人不會來，太默默無聞的音樂人沒有好的粉絲基礎。創始人馬客就從有一定群眾基礎的產品做起，先找了這樣一批項目放上來。

作為中國最早利用眾籌方式完成音樂產品的獨立音樂

人，李志與其團隊在2013年末兩場演出結束後在樂童音樂發起的眾籌專案——「2014李志數字版現場專輯《勾三搭四》募集」一經上線便引起了網友、歌迷和音樂從業者們的關注，更引發了一場「眾籌無實體回報是否合理」的質疑和熱烈討論。歷經一個半月，該項目於2014年2月22日完成目標，最終得到2673人支持，以50800元的募集金額超額完成任務。李志與其團隊表示：「眾人栽樹，更多眾人乘涼——這才是理想的眾籌。」

但是，很多音樂人都缺乏商業運作的思想，也缺少相關資源。音樂眾籌要做的就是背後的行銷、策劃和資源整合，借助互聯網思維去改造音樂產業。

受美國Kickstarter成功模式的激勵，2011年起，中國一下湧現出十幾家眾籌平臺。2012年9月，樂童音樂上線，可持續發展的盈利模式設計是樂童音樂的成功法寶。美國Kickstarter等眾籌平臺的盈利來源於對達標的眾籌專案提取5%左右的服務傭金。在中國，大部分的眾籌平臺都是免費的，這種模式可以降低眾籌這一新生事物的參與門檻，有助於提高項目發起人的積極性和建立平臺的競爭優勢，但這種免費模式制約了眾籌平臺的可持續發展。樂童音樂採用靈活的籌資模式，對籌資成交的專案收取一定比例的服務傭金，還可以採用預售模式和達標模式的自訂選擇，這可以鼓勵發起人設定合理的籌資目標以促進專案

成功。

　　同時，樂童音樂專注垂直化和不斷拓展衍生產品服務來建立差異化優勢。眾籌平臺的核心本質是社交網路時代的小眾化服務，在美國有近500多家不同業務內容的眾籌平臺。垂直領域的眾籌的發展和演變必然會導致某個行業只有一兩家眾籌平臺，從點名時間的轉變也能看到這樣的趨勢。樂童音樂定位垂直化，深耕藝術孵化產業，拓展戰略聯盟，延伸產業鏈條。如聯合眾籌網共同發起「原創音樂支援基金」，增加巡演和衍生產品服務模組，為音樂人提供更多的超值服務和資源嫁接。這會使樂童音樂從眾籌服務基礎上演變為更為完善的音樂人服務平臺。

第二章

股權眾籌
——全民創業助推器

股權眾籌的「中國式崛起」

股權眾籌在中國資本市場的爆發力,可以從幾家眾籌平臺的相關資料中窺探一二:原始會發起融資項目281個,已募金額1.94億元人民幣;大家投共發起185個融資項目,已募金額3933萬元人民幣;天使客僅有18個項目上線,但已募集的金額爲2875萬元人民幣……

從整體增長率來看也是驚人的。根據《清科集團上半年眾籌分析報告》統計,2014年1～6月P2P網路平均月增長率3.6%,而同期的股權眾籌平均月增長率則達到100%。

2015年,被稱之爲股權眾籌元年。火箭式的增長也讓大眾的好奇心越發嚴重。專家認爲:股權眾籌崛起的背後有著多方面因素,但行業背景、全民創業時代的來臨和國家的多種實質性鼓勵,以及互聯網的巨大影響力是最爲關鍵的原因。

先從金融行業本身來看,中國目前有4000萬家左右小微企業。如果按照傳統金融政策,走上市融資通道,滬深

2000多家，新三板也只有2000多家，加起來不過5000家左右，上市是企業走向成功的黃金通道，千軍萬馬，紛紛擠在了上市這座獨木橋上，有多少能夠山雞變鳳凰？更多的企業消失在了漫漫上市的征途中。

「向傳統銀行融資更難。」由於中國的體制機制問題，傳統金融無論政策資金都投向了國有企業。相關統計資料表明，銀行尤其是大型國有銀行，大部分資金仍投向了國有大中型企業和各級政府融資平臺。

互聯網來了，互聯網金融橫空出世了。傳統金融的模式形態已經被打開了一個缺口。P2P、股權眾籌一面世，就一石激起千層浪。對於眾多的小微企業而言，股權眾籌是門檻最低並且最具可行性的一條路徑。要麼通過P2P平臺進行債權融資，要麼進行股權融資。因為它們能滿足更多小微企業的需求。

而全民創業時代的到來，則是股權眾籌得以揮斥市場的加速器。

2014年兩會以來，政府層面對創業的鼓勵前所未有。隨著創業創新潮的興起，2014年11月19日，李克強總理在國務院常務會議上指出要「建立資本市場小額再融資快速機制，開展股權眾籌融資試點」，這一公開鼓勵給股權眾

籌帶來了極大的底氣。一直以來，其最大的苦惱就是如何擺脫非法集資的質疑。

此後，中國對股權眾籌的支持一路向上，有了很多實質性動作。比如，最近剛剛出臺的《國務院關於大力推進大眾創業萬眾創新若干政策措施的意見》明確提出「鼓勵發展眾籌融資平臺」，加快推出「三證合一」、「一照一碼」、「一址多照」等多項強力舉措。此外，相比主機板及創業板，掛牌門檻較低的新三板也為眾多股權眾籌平臺的天使投資人打開實現股權溢價退出的新途徑。

除了行業內因和政策外因，互聯網是改變中國股權眾籌發展軌跡的一個最重要的力量。事實上，互聯網的這種非凡能力也不僅僅是作用在股權眾籌行業。互聯網大大降低了創業者進入各個行業的門檻，包括一般企業難以涉足至高無上的金融行業。

舉個最簡單的例子，互聯網出現之前，如果想做點小生意，在市場或哪個地方隨便擺個攤，肯定會遭到城管的盤問。但現在，只要在網上擺個攤，不但可以自由做生意，而且企業出現資金困難融資貸款等都可以輕鬆實現。

股權眾籌的中國式崛起，還有賴於中國當下的經濟發展特點和家庭財富格局的變化。

　　中國經濟正處在調檔增質轉型期，大眾接受新生事物的熱情高漲，網路、通信等基礎設施建設也不斷升級。同時，隨著國家經濟的整體推動，家庭財富也在不斷增加。僅以中產階層為例，2020—2025年中產收入者可能達到4億人，如果按照美國中產家庭目前3萬～4.5萬美元年薪的基本門檻計算，這個仍在增長的龐大階層手中的財富顯然無比可觀。與此同時，隨著房市、股市等投資領域回歸正常，對財富和資本的吸引力也將逐漸降溫，越來越多的投資人必然會將自己不斷增長的財富投向更具成長性的優質項目。

　　對數量與日俱增的天使投資人而言，這是一個最好的時代。

　　股權眾籌順應了草根創業時代需求，突破了過去天使投資人必須「看得中、投得起、幫得上」的條件。從這個意義上講，股權眾籌開啟了天使投資4.0時代，不僅為天使投資人帶來最佳實踐形式，也大大提高天使投資參與者的廣泛性。

　　但如何幫這些有著極大投資需求的天使投資人找到優質的融資平臺，顯然是對資本市場的一個嚴峻考驗。

　　一個優秀的股權眾籌平臺最起碼具備三方面基本品質。

首先，專案是根基，平臺如何篩選引進好的專案至關重要。怎麼才能找到好項目？王志峰指出，除了把目光聚焦在北上廣等一線城市，眼光也應下沉，看向全國各地。同時，應積極與地方政府合作，他們最瞭解項目的源頭。畢竟，對於本地專案的把握，地方政府顯然更有發言權。

其次，篩選好專案之後，做好增值服務。比如，對專案進行孵化、培育，讓平臺上有經驗的天使投資人擔當創業導師，為他們進行創業指導，從而幫助它們能夠更快更好地成長。

第三，要集聚一批優秀的投資人，尤其要吸引到經驗豐富、手頭可用資金較多、自己可以決策的核心領投人。當一個好的項目放到平臺之後，如果領投人能迅速地做出決斷，往往會吸引更多的跟投人。

股權眾籌的發展空間很大。這三個方面做好後會形成一個良性、不斷拓展、有競爭力的融資平臺。表面上看，中國資本市場中股權眾籌平臺建設的參與者越來越多，基本上每過一兩個月就會有一個股權眾籌平臺推出，京東、平安、阿里等互聯網巨頭也紛紛入局，但與P2P、P2B、B2B等債權眾籌不同，股權融資對線下的依賴度比較高。自身資源再強，平臺建得再大，如果不接地氣，不能提供

增值服務，競爭力優勢也會大大降低。

從市場實踐中也能發現，儘管大多眾籌平臺尚處在運營模式摸索的初期階段，但明顯發現，一些注重與地方政府合作，且積極提供項目培訓，爲企業做好創業、品牌行銷等服務的平臺，都獲得了快速發展。

股權眾籌江湖的N種實踐

✎ 天使匯

中國起步最早、規模最大、融資最快的天使投資和股權眾籌平臺，於2011年11月正式上線運營，是助力天使投資人迅速發現優質初創項目、助力初創企業迅速找到天使投資的投融資平臺。截止到2015年4月30日，天使匯已幫助363個創業項目完成融資，融資總額突破39億元人民幣。平臺上註冊的創業者超過10萬名，登記創業專案33000個，認證投資人將近2500名，全國各地合作孵化器超過200家。

天使投資面向風險承受能力較高、具備成熟投資經驗
的特定投資者。對天使投資人實行認證制，目前的4萬多
名註冊投資人中，只有將近2500名通過了認證。這些認證
投資人主要為成功的前創業者、知名大企業高管及專業從
事投融資的金融圈人士，個別專案的失敗也不會對其整體
投資有重大影響。

36氪

　　2010年12月8日，36氪作為科技媒體正式上線。經歷
四年成長，36氪不僅有備受頂級投資機構關注的高效互
聯網融資平臺，還有專注於互聯網創業專案孵化的氪空間
（KrSpace），在全中國首創了「不收費、不占股、全球資
本，平臺服務」的新型孵化器模式。

　　36氪融資的理念在於，創造一個為創業者展示項目，
吸引融資的平臺，篩選並匹配優秀專業的投資機構和投資
人。截止到今年4月，已有131個項目在平臺掛牌融資，其
中40個已經完成融資，同時在後臺申請掛牌的項目也已經
超過3000家。氪空間則專業專注創業項目的線下孵化。
自2014年4月份上線以來，報名申請入駐氪空間的創業項
目超過5000個。第一批專案共12個，其中11個完成融資

並孵化成功。

✎ 大家投

　　深圳市創國網路科技有限公司旗下股權眾籌平臺，中國最早一批專業做股權眾籌的網路平臺，也是一個全民天使的股權眾籌平臺。從2012年年底成立，到2014年增長率超過百分之四千，全年幫助47個企業完成融資，每個平均融資100餘萬元，總共完成將近5000萬的融資額，每個項目人均出資不過幾千元到幾萬元不等。

　　其在天使投資網路平臺行業內的重大創新主要有：1.全國首創眾幫模式初期企業股權投融資業務模式，單次跟投額度可以最低到項目融資額度的2%；2.以融資專案為主體的直接投資網路平臺；3.用戶體驗上實現融資專案商業計畫書真正實現從文檔化到資料化、標準化的革命性轉變；4.獨創天使投資行業對一個項目的領投加跟投機制，實現職業天使投資人與業餘天使投資人的共同支持創業者的行業格局。

✎ 天使客

　　隸屬於深圳市安奇克拉投資有限公司的一個主打「精

品路線」的股權眾籌平臺，專注 TMT 領域天使階段到
Pre-A 階段的股權眾籌。

天使客作爲嫁接投資人和創業者的一座橋樑，一方面
幫助優質創業專案尋獲投資；一方面採用領投＋跟投模
式、限制最低2萬起投的准入門檻，在分擔投資人風險的
同時一定程度上保障投資人權益。天使客目前已上線併合
投專案的創業團隊有騰訊系、華爲系、Facebook 系等，其
中上線4天即被超額認籌的項目騰米跑跑，已獲得君聯資
本千萬級別的Pre-A輪投資。

✎ 原始會

網信金融旗下的股權眾籌平臺，致力於爲投資人和創
業者提供創新型投融資解決方案。

在原始會平臺上，創業者可以發起專案，展示可靠
的商業計畫和優秀的團隊，快速聚攏資金、資源、戰略夥
伴；投資人可以輕鬆發現優質項目，分享企業成長帶來
的資本溢價。同時，原始會提供創業及融資輔導、路演推
廣、宣傳策劃、用戶教育沙龍等優質增值服務。

股權眾籌的顛覆意義

　　中國證監會新聞發言人張曉軍說，股權眾籌融資是一種新興網路融資方式，是對傳統融資方式的補充，主要服務於中小微企業，對於拓寬中小微企業融資管道，促進資本形成，支援創新創業，完善多層次資本市場體系均有現實意義。

　　全國人大代表、長江證券董事長楊澤柱認為，股權眾籌既可以通過募集社會資本拓寬小微企業融資管道，又可以營造更好的創業氛圍。無論何種身分、地位、職業、年齡、性別，有創造能力的人都可以通過設立企業等方式實現想法，普通民眾也可以投資成為股東。

　　來自美國矽谷的因果樹創始人騰放在2015互聯網金融（眾籌）研討會上表示，股權眾籌的實質是利用互聯網技術和金融服務，改造企業創新和風險投資狀態，並重新定義利益分配原則。通過股權眾籌，建立起用戶（**投資人、融資人、行業專家、專業服務人士等**）間的相互信任，以提供服務和撮合交易為手段，促進生態系統的正向循環。

天使投資人、雲籌創始人謝宏中表示，眾籌是一個「應籌而生、為籌所有」的投資過程，其中彙聚著廣大投資者的認可和參與，眾籌的核心是股權眾籌。

　　綜合專家的觀點，股權眾籌具有以下顛覆意義。

　　一是**動了「精英創業」的乳酪，掀起真正「草根創業」的大潮**。創業是高資金投入、高智慧投入、高管理投入、高風險係數的事情，多數情況下失敗的機率遠遠大於成功的機率。一直以來，只有精英與富家子弟才創得起業。眾籌時代的到來，哪怕你只是一介草根，只要你有了足夠的商業運營能力和創新的產品或模式，你就可以啓動創業，其他的資源與資金，甚至包括團隊，都可以通過眾籌得來。籌與借、買、招的區別是，籌來的東西既不必付錢，也無債務負擔，給參與者的是權益回報。

　　二是**眾籌動了「富人投資」的乳酪，掀起真正「大眾投資」的大潮**。股權投資一直以來是富有的高淨值人士專屬權利，特別是投資於創業企業的原始股份，更是少數有錢人才能玩的遊戲。傳統的天使投資必須要具備「看得中、投得起、幫得上」三個條件。眾籌則採用「專業領投＋大眾跟投」的模式，大大降低了早期股權投資的門檻，過去一筆融資100萬元的項目，只有拿得出100萬元的人

才能投得上。通過眾籌，可能只有幾萬元現金投資能力的普通民眾也有機會參與這樣的項目。

三是**眾籌動了「資源仲介」的乳酪，讓創業服務與資源輸入更扁平直接**。當今社會的資源，要被創業者使用大都需要通過仲介、特別價值變現管道、人脈疏通。而通過眾籌，這些需求有可能輕鬆解決。因為在眾籌的過程中，擁有這些資源的人可能會成為眾籌項目的股東，股東為了提高收益機會，為投資企業服務，都是直接的、免費的，最多付出一些硬性成本。這樣，眾多創業企業獲得服務和資源輸入的通道直接、結構扁平、效率高、成本低。一大批靠資源仲介與卡位變現者，都會在眾籌面前失去光環。

股權眾籌雖然降低了大眾參與投資的門檻，但其特點也決定了它在高收益的同時伴隨著高風險，譬如初創項目成功率低、普通投資人缺乏專業投資知識、政策風險等等。

據瞭解，即使在投資環境較成熟的美國，獲得風險投資的創業企業在5年內的失敗率平均達到60%到80%，而投資一家創業企業，也需要5年以上才能退出。京東在投資者風險提示中也提到，80%以上的項目會失敗，即使成

功也面臨著退出週期過長的困境，需要等到企業被收購、
下一輪融資或最終上市，投資人才能兌現收益。

　　既然是高風險的遊戲，那麼股權眾籌當真是屬於所有
大眾嗎？在很多業內人士看來，股權眾籌的「眾」字顯然
誤導了很多普通投資者。受制於風險、資產和投資的專業
性等因素，股權眾籌其實面向的是具備一定金融資產實力
的中產階級。

　　在《管理辦法》中提到，合格投資者的標準為：投資
單個融資項目的最低金額不低於100萬元的單位或個人，
淨資產不低於1000萬元的單位，金融資產不低於300萬元
或最近3年個人年均收入不低於50萬元的個人。

　　對於「合格投資者」的嚴格標準，市場上引起了不少
爭論。高門檻確實可以起到減少風險的作用，但同時或
許會影響市場活力。而天使街的自然投資人門檻偏低，
設定為年薪20萬以上，能夠承受占資產總額不超過20%的
投資。京東對於參與股權眾籌投資者的門檻也較低，自然
投資人須符合金融資產超過100萬元、年均收入超過30萬
元、專業的風險投資人這三項條件之一。而天使匯的自然
投資人門檻偏高，設定為最近兩年內每年收入超過100萬
元人民幣者。

專家建議，如果符合股權眾籌投資門檻，有對專案回報率有所期待的普通投資人，也應該注意分散風險，切記不要把雞蛋都放在一個籃子裏。

兩種主要的眾籌融資方式

當前有兩種主要的眾籌融資方式。

一種是獎勵型眾籌，比如 Kickstarter 和 Indiegogo 這種，人們給創業者資金，創業者給予投資者獎勵回報。許多生產硬體產品的企業，比如 Pebble、OculusRift、Boosted 都是通過這種方式的眾籌發跡的。

第二種是股權眾籌，也就是 FunderClub 正在做的，在這裏投資者可以向創業者投資、換取企業的股權。通過這種方式成功的企業有 Coinbase、Instacart 等。兩種方法都可以讓創業成功，有時候兩種方法都可以奏效。

創業企業決定選擇哪種方式要取決於他們的核心目標。獎勵型眾籌可以讓消費者的需求去風險化，打造一個

為不需要股權的早期使用者準備的社區。如果你要尋找提供回饋和聯繫網路的專業投資人，然後利用他們來打造你的產品，股權眾籌應該是個不錯的選擇。兩者並不是相互排斥的。

✎ 股權眾籌

就受眾而言，你可以得到大範圍的投資者，能夠找到各種行業內專業的、知識豐富的投資者。投資者很關注他們投資的公司，希望幫助他們取得成功。

如果你想通過風險投資公司來完成融資的話，可以交流的投資者數量也會小很多。

股權眾籌可以讓創業者一次就接觸成千上萬的潛在投資者。當你從一大批投資者手中拿到投資的時候，就最大化了可以幫助你成功的人員名單。

你所接觸的潛在投資者越多，你能獲得這種需求的速度就越快。

一次成功的股權眾籌獲得可以幫助創業者以相同的方式在其他融資途徑上更簡單地獲得更多資金，比如說聯繫傳統的線下投資者。

在股權眾籌平臺融資的另一大優勢就在於所有的投資

都會進入一個資金池，就像是從風險投資公司那獲得了一次投資一樣。不必擔心哪個投資者會多拿錢，哪個投資者會影響公司的進程。明白規則、採用協約，讓創始人可以更簡單、更便捷地獲得投資。最起碼，這是一些股權眾籌平臺的運行方式。要做好功課，知道誰在給你投資。

✎ 缺陷

雖說股權眾籌平臺旨在讓融資流水線化，但這不意味著創業者在接觸的時候就可以掉以輕心。

這些平臺上的投資者也希望看到風投公司得到的資訊，來說明他們做出決定。對於創業企業的創始人來說，這意味著要清楚地說出創業企業的關鍵點，準確地回答未來投資者的問題。

有時候，企業在沒準備好之前就過早地去融資。另外一個問題就是創始人和未來投資者之間交流比較差。很有必要明確說出創業企業是幹什麼的，產品或服務是如何工作的，以及其他投資者可能會需要知道的細節。如果你還沒準備好回答這些問題，那麼你就得自問是否已經做好了融資的準備。

✎ 最佳做法

1.**瞭解和你一起工作的人**。作為一個創業者，你應該對於線上和線下的投資者做好功課。尤其是在線上股權眾籌平臺上，要留意投資人的投資記錄和評價。明白整個融資過程的流程。跟曾經受過他們投資的創始人交談，獲取資訊。瞭解這個平臺是如何為投資增加價值的。

2.**準備好**。你的公司需要到達一個合適的階段之後才能在股權眾籌平臺上獲得出色的融資。因為是在網上融資，所以企業的交易量和增長量都是重要的信號。有客戶的強烈推薦也能幫到你，當然媒體的報導也很有用。

3.**說清楚最重要**。你需要十分清楚你的產品和服務是幹什麼的，知道他們如何運作。如果投資者看到介紹中都是一些術語的時候，他們會很難理解的，很難做出投資決定。作為創始人，你的工作就是清楚地闡明自己的企業、價值定位，讓投資者能簡潔、快速地理解。在融資之前，從你信任的人那裏得到回饋資訊，合夥人、顧問和其他投資人都行，瞭解人們看到你的企業之後最常問的問題。這將是其他潛在投資者也會問的問題，所以要提前準備好答案。你也許只有一次機會來向投資者清楚地傳遞資訊。

4.**說重點**。你在網上展示的內容和給線下投資人看的

內容沒有區別。文字要說到要點：創意是什麼？產品和服務如何運作？團隊中有什麼人？有過什麼里程碑事件？如何判斷創業成功？潛在市場規模多大？投資條款的內容有什麼？本輪你想融得多少資金？也就是說，你在網上放上自己的融資演示文稿圖片，但是不必自己去向投資人進行解釋。

✎ 獎勵型眾籌

　　獎勵型眾籌在說明企業預售產品、獲得早期支持者方面幫助特別大。我們現在可以看到一大批企業在Kickstarter和Indiegogo上成功募資，在隨後的融資中獲得大量投資或者是被收購，這一現象已經在風投行業內被廣泛認可。

　　風投現在將眾籌網站看成是最尖端的創業想法的聚集地。獎勵型眾籌網站上的成功事例表明了人們喜歡你的產品。而且這種方式更加自由和靈活。它讓發明者和支持者更方便地在平臺上交流，關於投資眾籌專案的規則和限制也很少。規則越少，越激發參與度，參與度越高，只能是件好事，不會是壞事。

　　與此同時，獎勵型眾籌網站是證明創意的最有力方

法，甚至不需要一個成品或公司，記住這一點很重要。在你做出一些產品之前，可以讓產品獲得不少進化。雖然說建立起社區、獲得注意力是件好事，但你真的需要理解和克服這些細微的差別。

✎ 缺陷

風險投資不會認真對待一個成功的獎勵型眾籌專案。你不能坐在功勞簿上吃老本，想著錢會自己找上門來。如果你的產品不符合支持者的期望，他們也絕對不會放過你的。

股權眾籌平臺的投資者比獎勵型眾籌平臺上的普通支持者眼光更敏銳。他們會發現不同的東西，真正地理解創業者的承諾，思考創業團隊，瞭解創業過程中的障礙，以及發現創業者是如何滿足消費者的需求的。對獎勵型眾籌最大的兩個障礙是計畫不周和發貨時物品與描述不符。

許多創業者低估了計畫和實際工作的工作量，導致產品交付延期。而且如果一個公司在眾籌平臺上成功通過預售募資，然後在交付產品之前耗盡了資金，這是很危險的。那麼他們需要快速地從其他途徑融資，如果沒有得到錢，那麼創業者將陷入無法發貨的困境。

　　當你把一個創意搬到現實世界的時候總會出現多得意想不到的障礙。經常可以在硬體領域看到這種事情，開發者需要花費比預計的時間更長的時間來完成開發。作為創業者，你需要處理好早期使用者的期望。你需要做好功課和相關的研究，只有這樣你才能合理地估測時間，解決可能發生的問題。盡全力闡明自己的計畫，如果發生了變化，要儘快明確、快速地解釋清楚。

　　基本來說，不要因為擔心會讓用戶失望就不誠實，這只會讓事情更糟。而對於一個年輕團隊來說，問題就更大了。這不僅僅是現在的問題，還將影響未來。

✎ 最佳做法

　　1.**建立起有效的回饋循環**。不斷校準消費者預期的最好方法就是不斷地與獎勵型眾籌平臺的消費者交流，積極地請求他們進行回饋，並將回饋帶進產品開發中去。你也不希望他們一開始喜歡你的創意，但是最後卻討厭你的成品。你以後會感謝當時曾從支持者那裏獲得的產品改進的方法，聆聽支持者的聲音，做了這些事情。這樣做就可以讓人們更容易接受可以拿到的產品和計畫的產品之間得出差距。

2.**持續運營公司**。有不少創始人會為了融資而暫停工作。他們沒有足夠的時間來繼續開發、招聘。眾籌項目也會出現相同的問題，但是創始人沒法暫停項目，因為還有很大一批人在等著他們投資的獎勵。你必須把注意力放在重要的事情上：團隊成員是否合適？公司運營和架構是否能支持將來的計畫？是否有可持續的競爭優勢？這些因素都會成就或破壞企業利用眾籌資金的能力。

3.**期待支持者成為消費者**。你或許會覺得他們給你投資是因為他們是粉絲，所以你可以在產品上有些許差距，那你就錯了。我們將獎勵型眾籌平臺上的投資人看作是普通的消費者。他們希望能在規定時間內拿到產品。你不能用創始人的想法套在他們身上，也不能用投資人的視角來看待他們。他們是普通人，是如果被延遲發貨、產品有變或有問題就會失望的人。或許有些人很有幫助，但是他們不希望投資之後延遲發貨或者很晚才拿到解決方案。

4.**設置合理價格**。因為獎勵型眾籌支持者都是普通消費者，所以產品的價格要能在自己和消費者之間產生共鳴。許多人對Kickstarter和Indiegogo上的定價並不會太關心，但是這卻可能因為你一開始的不透明而帶來大麻煩。如果你想讓公司持續發展下去，那麼你想出來的定價就要

包括所有的製造、快遞、售後服務等環節。許多人認為通過眾籌可以獲得關注，提前銷售一些產品，然後在私募股權或風險投資中展現亮點，但是這是不負責的，也不是可以持續發展的。

5.**做好觀察**。如果你準備走獎勵型眾籌這條路，和其他已經成功眾籌的創始人交談一下會很有幫助。他們會告訴你和消費者交流的節奏，以及如何實施自己的眾籌計畫。借此，你可以避免犯他們犯過的錯誤，學到一些有用的東西。他們分享的只是或許可以讓你的公司成功。

眾籌融資與青年創業的契合度

在互聯網金融時代，眾籌融資與青年創業兩者間存在良性諧振，具有很高的耦合度。眾籌融資能有效幫助青年達成創業夢想；而青年亦能為眾籌模式增添無限活力。兩者間存在著互動的、正向的、共贏的耦合關聯關係。由於互聯網金融的普惠性、高效性、去中心化等特點，眾籌模

式與青年創業融資協同契合的優勢非常明顯。

當代青年的背景

　　當代青年既有商業抱負又有社會責任。他們有夢想、有抱負、有理想。在經濟增長放緩銀根收緊的情形下，對於許多創業的年輕人來說，最窘迫的莫過於資金募集艱難。「錢少，人多，愛做夢」的網路眾籌模式的出現，或能點燃無數創業青年的激情。

　　「90後」青年個性突出、思想活躍、崇尚自由、成才意識強烈，這是「90後」青年的群體特點。青年對新鮮事物具有很強的敏銳性，他們的創意思維能賦予初創企業以靈活性。青年寶貴的創新思想、創意思維若通過有效載體的合理轉化將轉化成現實的生產力。

　　互聯網興盛的短短10年，正是「90後」青年接受新生事物最快最多的「黃金十年」。我們要不斷尋求社會發展與青年成才的最佳結合點，在成就人生的道路上與當代青年形成和諧「共振」效應，眾籌正是在互聯網金融時代下誕生的尤物。

　　對於早期青年創業者而言，他們沒有抵押物，銀行貸款的管道是關閉的，只能在熟人圈中尋求幫助，他們很難

在短期內緩解資金困難。眾籌尤其是股權眾籌將改變初創企業的融資模式，在滑鼠輕點中即能快速便捷地獲得投資。

✎ 眾籌創業的優勢

眾籌創業的方式在彙聚資金、知識、資源等方面具有優勢。它是「開放、平等、協作、分享」之互聯網精神的重要體現。在項目預設的時段內，資金數量若達到發起人設定的目標金額即募集成功，否則告敗。眾籌平臺在融資成功的情況下收取一定比例的傭金。眾籌開創了一種全新的融資模式，其特點有如下幾點：

一是**眾籌最初發端於創意所需**。眾籌最初淵源於文化藝術領域的籌資活動，其初衷即為創新創意服務，它告訴創業者，資金緊缺不是問題，創意創新才是靈魂與生命。蘊含「籌人、籌資、籌資源」精神的眾籌模式對解決初創企業融資具有不可比擬的優勢，是刺激創新創業、扶持小微企業發展的有效利器。帶著「讓夢想變現」的願景，眾籌從誕生之初即具有理想主義色彩。

二是**目標易實現的低門檻創業**。「眾籌這種方式更靈活、更有效，募集規模也相對較小，為廣大中小企業和創

業團隊帶來一種全新的融資方式，大大降低了創業初期資金募集的門檻。」目前大陸眾籌存在的最多模式即為實物眾籌，其回報多限於產品或服務，在風險表現上也相對較低。眾籌為白手起家的青年創業者帶來重大機遇。

三是**眾籌主體大多數是青年人**。當下互聯網金融領域最盛行的便是眾籌。據一項眾籌創業專項調查研究表明，中國眾籌群體多集中在80、90後。隨著成功運作的項目越來越多，眾籌成為年輕最愛體驗的創業融資方式之一。青年精英領跑各領域的創新創業，也帶動著越來越多的人參與到「全民創業」的熱潮中。2014全球創業觀察（GEM）中國報告分析結果表明，中國高學歷年輕人的創業效應顯著。隨著中國經濟的發展，青年創業活力將顯著增強。

四是**借助網路平臺「金融脫媒」**。中國社科院姜奇平秘書長認為，「拉投資、找支持的『眾籌』概念之所以被看作創新模式，是因為如今互聯網時代為創業者提供了更廣闊的平臺向眾人借力。」現代眾籌模式即以「互聯網思維」為精髓，強調去媒介、去中心化、強調「點對點」的金融服務，直接向廣大網友募資。眾籌的興起預計會帶來融資模式翻天覆地的變化。它是大資料時代基於互聯網技術之上的金融「藍海」，發展空間巨大。

眾籌之於青年創業的有效性

在眾籌機制中，創業者能獲得高效融資以應對資金瓶頸，而投資人則有望獲得投資資本的增值。這種創新融資方式十分適用於缺乏「第一桶金」的首次創業。

1.有利於提高新生代的創新能力

眾籌平臺天然就是創新創業的孵化器。它通過引導資本與市場創意和創新技術進行對接，使有思想、有技術、有追求的青年有實現自己夢想的機會。在眾籌運作機制中，一個想法可能轉化成一個產品，一個產品可能成就一個企業，一個企業可能引發一場技術革新，從而不斷地推動社會和國家進步。

2.有利於促進和增加青年創業

眾籌平臺幫助那些有想法但資金匱乏的青年實現創業夢想，使那些小微企業能獲得更多支持者去推進創意變產品的進程，該過程不斷地產生和帶動了新的就業機會。在當代輿論宣導青年自主創業、創造工作崗位、增加就業機會的背景下，一些在眾籌平臺成功創業的案例激勵著越來越多躊躇滿志的年輕人投身於眾籌的創業大潮中。

眾籌中成功創業的應對策略

眾籌這幾年有成功的專案，更有鎩羽折戟的案例。處於襁褓期的眾籌需經歷多次危機試錯和制度演變才能逐步走向成熟。

目前，眾籌尚處在建立規則階段，依然面臨前景不確定的混沌。作為創業者，怎樣在法律允許的範圍內駕馭和運用眾籌融資工具，需要採取技術上的一系列應對措施。

1.比較研究眾籌平臺

在正確的平臺上進行眾籌的好處在於它能使籌措增值性資本流程變得很有效率。

如股權眾籌模式中「天使匯」受眾面較高，債券眾籌模式中「人人貸」點擊量大，而產品預售眾籌可選擇「京東眾籌」等電商平臺。

2.嘗試從熟人圈子做起

譬如微信有著較高的保密性、圈子的穩定性，用戶置身其中有強烈的歸屬感。這樣一個「熟人社會」的社交平臺將有效克服眾籌主體信賴不足的短板。微信對圈子的精準把握表現出未來最適合眾籌的核心競爭力。

在中國現有信用條件下，很看好基於熟人社會誠信

背書的「中國式眾籌」。

3.挖掘潛在目標客戶

瞭解潛在用戶群體，儘早與他們保持溝通，培養他們的投資興趣和意願，獲知潛在投資者的真實需求。

這樣可以使專案在預知軌道上正常運行，而不會偏離項目預期的發展方向，這是成功眾籌的必要項之一。

4.專案獨特且具趣味

獨特創意能第一時間吸引投資者眼球。產品夠酷才能粉絲夠多，有趣味才能贏得美譽度。這一能幫助創業者獲得資金，二能切實提高產品關注度。

如短片「Taste of love」在淘夢網上融資2萬元、創意十足的「愛情保險」項目傳播穿透力強。這些成功案例都產生了知名度提高的乘法效用。

5.制定出色的專案文案

一個好的文案一定要做得「有故事」，這樣能引發目標人群的情感共鳴，能產生很強的代入感，更容易打動用戶，其中包含的個人情愫和真誠夢想能感召公眾。

精彩出眾的視頻更是打動投資人的最佳方式，附有視頻的專案比純圖文的項目融資成功率高出30%。

6. 建構專業的核心團隊

創業成功的關鍵因素是核心團隊及其構成，團隊要職業化，專業化，這關涉團隊的合作與效率。眾籌資金可來自多方，但權利要相對集中，不能盲目追求民主。要多籌錢，少籌意見。

7. 嚴格後期管理和流轉

眾籌只是實現夢想的第一步，眾籌創業者在營運中會面臨創業的巨大挑戰。如青年大學生眾籌創業面臨的一個問題是「畢業」帶來的股東流動，故要因應學生特點設置股權流轉計畫；股權眾籌中的交易、轉讓、退出等二級市場建設問題；專案創意在籌資前後的智慧財產權保密問題等。

8. 細節勝出決定成敗

如發起人在合理時間啟動專案，儘量避開節假日；籌資時間不宜過長，否則會有倦怠感；設置郵件回饋環節與投資人保持動態互動，增強投資人的使命感和責任感；成功募資後回饋有創意、能體現公司文化的額外贈品，以提升投資人的存在感和成就感。

創業者眾籌的注意事項

隨著互聯網眾籌的興起，許多創業者都開始盯上眾籌這一融資方式。

在一些成功案例的刺激之下，很多創業者都開始認為眾籌網站能夠幫助他們更加輕鬆地獲得寶貴的資金，好像只要有一個好的創意，你就可以在眾籌網站上開始創業之旅一樣。但是現實是，眾籌這種融資方式並沒有你所想的那樣簡單。在你看到眾多創業者在眾籌網站上拿到資金的同時，其實還有更多的企業沒有成功完成融資目標，只是媒體並不報導這些企業而已。

現在很多剛剛開始創業的人都認為眾籌融資這種方式能夠讓他們輕鬆獲得資金進行創業。然而，其實眾籌需要創業者做更多的功課，而且創業者還要擁有一個穩固的支援網路才能成功完成眾籌目標。

無論你是想通過產品預購獲得一小筆資金還是想通過轉讓股權獲得一大筆資金，在準備眾籌項目的過程當中，你都會碰上許多意想不到、突如其來的挑戰。

謹慎選擇一個眾籌平臺

雖然所有的眾籌平臺的目的都一樣——說明創業者在網上找到大量的捐資者或是投資人，然後從他們那裏獲得創業者急需的資金——但是並非所有平臺都是一樣的，每個平臺都有各自的特點，你需要謹慎選擇。如果你只是需要爲數不多的一筆資金，那麼你可以選擇Kickstarter或是Indiegogo這樣的眾籌網站。但是如果需要百萬美元級別的投資，那麼一些股權轉讓眾籌平臺將會更適合你。如果你對後者更感興趣，有一個非常重要的東西需要你牢記在心中，那就是在開始眾籌項目之前對盡可能多的眾籌平臺進行研究和比較，找到最能滿足你需要的那一個。

在傳統的投資市場下，對於創業者來說，最大的挑戰其實就是找到願意爲自己投資的風險投資人。而在眾籌平臺上，這裏有著數量龐大的投資人願意對你進行投資，他們也在主動尋找著他們感興趣的初創企業。而對於創業者來說，所要做的其實是找到最適合自己的投資人。

建議創業者對眾籌市場的規模、活躍投資人的類型、特定眾籌平臺上的投資人的投資喜好等因素進行詳盡的研

究和調查。在調查之後，你就能夠做出相對理性和準確的判斷，選擇一個最適合自己的眾籌平臺。他指出，選擇錯誤的眾籌平臺對於創業者來說可能給他們帶來時間、金錢甚至是企業估值方面的損失。

對融資規模和專案持續時間做出合理的規劃

很多創業者，尤其是那些剛剛接觸到眾籌融資這個概念的創業者，他們會認為自己能夠在眾籌平臺上獲得他們所需要的所有資金，而且在眾籌項目的截止日期到來之前，還能獲得一些額外的資金。但是創業者們在制定眾籌目標和專案持續時間的時候，必須要時刻保持理性，這一點非常重要。

對於創業者來說，在進行眾籌融資的時候，一個巨大的挑戰就是何時開始眾籌融資，以及確定自己想要通過眾籌網站獲得多少資金。而且，創業者通常不清楚自己應該如何準確制定眾籌專案的持續時間。

創業者應該首先仔細考慮企業發展到下一個階段，你究竟需要多少資金。在進行眾籌專案之前，這是你第一個需要重點考慮的問題。

創業者總是認為眾籌網站能夠替代傳統的融資程序，

認為通過眾籌網站一定能夠拿到所需的資金。但是事實並非如此，在網路上進行融資的同時，創業者還應該同時做好通過傳統的融資管道獲得資金的準備。這樣做能夠提高初創企業的融資成功率。

✎ 勾起投資人對你的投資興趣

你有了一個優秀的創意，你的朋友和家人也都覺得你這個創意很不錯。這意味著一定會有人捐助你的項目嗎？並非如此。在進行眾籌專案之前，你仍然需要做大量的準備工作，這些工作將會幫你讓更多人對你的項目產生興趣，並且保持他們的興趣。

在開始眾籌項目之前，你應該先勾起投資人對你的投資興趣，這個工作至關重要。這項工作不僅需要在專案進行的時候做，在專案開始之前也要做。這項工作能夠讓你在時間和人力都有限的情況下，在最短的時間內獲得最多的投資。

雖然很多人都表示對你的專案很感興趣，但是這不表示他們一定會投資你的項目；即使有人告訴你他們會投資你的項目，也很有可能他們會臨時改變主意。在沒有特殊需求的情況下，人們很難把自己的錢拿出來給別人用，尤

其對於非專業投資人來說更是這樣。因此你必須培養他們的投資興趣和意願。你要親自接觸你的關係網，請他們對你的項目進行投資，並且幫助你進行傳播。

✎ 找到領投者

所有人都知道一個事實，無論是投資哪種生意，都會面臨風險。因此所有投資人都想要清楚地知道，如果他們為你提供大筆的資金，他們所將面臨的風險有多大。

創業者在進行融資的時候，經常需要面臨這樣一個挑戰，那就是一些天使投資人，甚至是小型的風投企業，會告訴創業者他們對你的企業感興趣，願意提供投資。但是創業者必須先要找到一個大一點的投資方作為領投方，之後他們才會參投。

很多剛剛進入投資行業的投資人都會這樣，他們只想跟在其他著名投資人的身後。這導致很多創業者發現自己已經獲得了許多的「承諾投資」，但是帳戶裏沒有實際的資金。在進行股權眾籌融資的時候，創業者也會遭遇這個問題。

其實在Kickstarter上進行小額融資的時候，你也會面臨同樣的問題。如果大眾投資人發現一個項目沒有人或是只有很少人投資，他們也會開始猶豫。你要如何鼓勵他們

對你進行投資？這個時候就要發揮建立投資興趣的重要性了。即使你現在沒有眾籌的打算，你也應該開始對眾籌這個行業進行瞭解，**眾籌是未來主要的融資方式，所有創始人都應該對其有所瞭解。**

風險與監管：不好當的「小東家」

股權眾籌絕非二級市場買賣股票那麼簡單，尤其是以一種「領投＋跟投」的泛私募形式，讓這一高風險、高回報的遊戲更加刺激。在無數投資「小白」加入「小東家」隊伍掘金時，不要忘了想要「做東」遠非易事。

✎ 眾籌分散投資風險

資本和風險常常相伴相生。創業、創新團隊需要資本「甘霖」，而創投基金、天使投資人為了降低自身風險、確保成功率，往往把精力耗費在專案和團隊篩選上，有時甚至欲投無門；而更多「有想法」的中小投資者，往往囊

中羞澀，不能實現「做東」的夢想。能不能三全其美呢？「如果說風險投資處於一個相對封閉的環境裏，那麼，借助互聯網股權眾籌，能夠突破這一閉環，實現線上風投的創新。」京東金融股權眾籌負責人金麟認為，與線下的傳統風險投資相比，借助互聯網的股權眾籌面向更多人群、更廣範圍，吸納海量投資人的資源和資金，幫助企業實現融資推廣，降低創投的投資風險，同時滿足了中小投資者「做東」的願望。

對於股權眾籌可能帶來的收益，金麟舉了個例子：

以1萬元、30年為期限進行投資，存活期存款的收益是1.1萬元；買貨幣市場基金收益為3.2萬元；買股票的話，以美國股票市場的平均收益率9.2%計算，是14萬元；而做風險投資，根據美國風險投資的平均回報率25%來計算，是800萬元。

一個小型路演就很能說明如今股權眾籌的火熱。3月底，在北京盤古七星酒店，創業者路凱林和他的雷神遊戲筆記型電腦製作團隊在舞臺上侃侃而談。雷神科技作為股權眾籌平臺的首批上線項目，10分鐘內便完成1300萬元的籌資目標。1300萬元，假如每人出20萬元入股就是65個「小東家」，股權眾籌的聯動效應很明顯支持了創業創新。

股份均分的「小東家」設想固然好，但在現實中受到股東人數限制等因素，往往有人投錢多，有人投錢少。舉個例子，當一個項目想要融資600萬元、釋放出30個股東名額時，一般來講，最低起投金額應設置在20萬元左右。但實際募資過程中並非所有人都只投20萬元，投100萬元、300萬元的大有人在。那麼問題來了，可能到第10個人時項目募資金額已滿。這時，負責眾籌的平臺會「聰明」地把最低起投金額降至5000元。此舉意味著對於囊中羞澀的投資者能通過「少投」分散風險、控制風險。

✎ 不好當的「小東家」

　　從1萬元到800萬元，除了30年的距離，「小東家」們還要有極強的投資眼光和耐力。

　　「想做好股東沒那麼簡單，涉及資訊披露規則、退出機制等多項事宜。」中科招商創業投資管理有限公司總裁單祥雙說。

　　但目前看創新、創業又不一樣。由於互聯網、移動互聯網的出現，項目被資本「逼著」速成。這些「涉網」創業公司往往成本很低，能迅速搭一個「草台班子」，馬上就能成事。此類創新、創業項目，可能是很多天使VC爭

奪的對象，並且資本市場給它的估值大於投資人當初的預期。股權眾籌的出現，加速了「小東家」增多的趨勢。另一方面，企業渴望投資，追趕競爭對手。因此創業企業必須留存足夠的庫存股作為內部股權激勵之用，或者極力避免股權過於分散，尤其要留足股權以備未來引進核心人才之用。

在資訊披露方面，創業企業在股權眾籌平臺上做融資後，還必須承擔一定的資訊披露義務。

「這看似小事，實際上對未上市的初創期企業關係重大。」一位不願透露姓名的互聯網公司負責人說，很多創業期的公司經營狀況都不錯，甚至有的遠好於同行業的上市公司。但由於上市的漫長流程和資訊披露的原因，一旦進行所謂的規範「信披」（信息披露），很可能會讓競爭對手「有可乘之機」，日常經營將受影響——最後，不少創業企業不得不採取「被併購」的方式實現「曲線救國」。

初創期的企業渴望人性化「信批」。為此，綜合考慮新三板資訊披露（新三板是半年披露一次財報），不同的股權眾籌平臺結合自身做資訊披露規則，指引創業企業進行有效、合理的資訊披露。但這些信披範圍不是像上市公司那樣完全公開透明，而主要是針對「東家」，其中的風險

對於「涉世不深」的投資者來說不言自明。

「小東家」最難還是難在「退出」上。股權眾籌實際上是搭建一條時間週期漫長的產品線，這類產品特點是高風險、低流動性、高收益。從發行產品到退出一般週期是「5＋2」，前後共7年時間。此外，根據有關規定，一般在股權眾籌一年之內不能交易股權，若交易應只能在專案跟投人、參與人間進行流轉，同時，嚴格禁止專案方承諾回購股票等。

「正因為有諸多限制，股權眾籌的退出機制一般不多。」據金麟介紹，一種是IPO退出，比如說創業企業成功上市時，股東通過在二級市場的變現來實現收益。另一種是併購，若一家企業看到自身上市前景不明朗，但另外的企業有併購意願，被收購企業的股東可通過併購實現退出。

「領投＋跟投」

普通人缺乏專業投資知識，他們中的很多人甚至看不懂項目。對此，股權眾籌平臺推出了「領投＋跟投」的模式，來降低普通人股權眾籌的風險。這種模式最初發端於海外的股權眾籌平臺WeFunder和AngelList，這種「領

投＋跟投」模式中，投資者可以跟著某個知名的投資人一起投資。普通投資人作為跟投人，選擇跟隨某個領投人並組成聯合投資體，共同向領投人發掘出來的投資專案進行投資。

在這種模式中，領投人負責找專案、進行投資後管理，並在投資收益中獲得一部分提成，作為其回報。不過，領投人和跟投人的權利有所差別，只有領投人擁有分紅權和決策權。但在募集資金方面，領投人和跟投人的權利是一致的。

深圳市君融財富管理研究院國際註冊財務策劃師徐正國表示，「領投＋跟投」的模式說明普通投資者降低了選擇項目的風險成本。很多初創專案的理念和商業模式對於普通投資者來說是很難看懂的，也很難去判斷究竟哪一個更具備發展潛力，而領投人具備專業投資知識和經驗，普通人只要做到跟投即可。

目前，中國股權眾籌平臺大多數都選擇了「領投＋跟投」的模式，無論是天使匯的「快速合投」，還是大家投的「千元起投」，包括剛剛入局的京東「東家」，在本質上都是這一模式。

一般的股權眾籌流程為：專案篩選、創業者約談、確

定領投人、引進跟投人、簽訂投資框架協議、設立有限合夥企業、註冊公司、工商變更/增資、簽訂正式投資協議及投後管理和退出。

需要注意的是，經過三年多的探路，草根股權眾籌平臺開始遇到不少發展瓶頸。最突出的就是領投人匱乏。但問題是，作為專業投資人，如果看好某專案，往往一筆資金就可以投完整個項目，何必後面拖著一堆這個5000元那個1萬元的小投資人。

在「東家」裏，因為劉強東的面子大，所以，可以聚集包括沈南鵬、薛蠻子、徐小平、李豐等一批明星級的專業投資人，而中國平安的面子更大，所以，前海眾籌不愁沒有領投人。但問題是，草根平臺能請到這些大咖嗎？而如果沒有可以信賴的專業投資人作為領投人，普通投資者敢跟進嗎？

除了領投人，眾籌項目也是一大問題，當然不是說沒有項目，而是沒有優質的項目。工商登記也是目前股權眾籌行業面臨的頭痛問題，這裏面還涉及到眾籌公司不同退出方式下的股權框架設計。

根據公司法的規定，有限責任公司的股東不超過50人，非上市的股份有限公司股東不超過200人。但在實際

的股權眾籌項目中，往往股東人數超過這個限制，即便是不超過這個限制，一百多的股東也不可能都體現在工商登記中。

「有兩種模式可以解決，一是委託持股，二是成立持股平臺，比如有限合夥等，兩者的宗旨是一樣的，即將絕大部分股東隱藏在工商登記之外，工商登記上只體現一兩個股東或一個持股平臺，其中，以有限合夥形式居多。」七八點首席股權架構師說。

「儘管公司法對股東人數有所要求，但並未明確是直接股東還是間接股東，所以，以有限合夥的形式作爲直接股東，普通投資人作爲LP（有限合夥人）享受收益，領投人作爲GP（普通合夥人），負責專案盡職調查、估值、定價、風控，與公司法不違背，但如果眾籌投資人旨在通過資本市場實現退出，那麼這種模式就要變更，因爲相關規定明確指出計算方式是直接股東＋間接股東，我們叫數人頭，勢必有一部分小股東要通過股權轉讓的形式先行退出。」

天使街聯合創始人兼CEO劉思宇在2015互聯網金融（眾籌）研討會上表示，目前中國的股權眾籌不能照搬照抄美國的模式，讓看不懂TMT項目的老百姓來進行風險

投資，這是不道德的。美國有幾十萬天使投資人服務於創新創業，中國最多只有一萬來個。

劉思宇認爲，在中國，眾籌可以做成科學化的「合夥」，因爲老百姓對「合夥」能看懂，比如合夥開一家火鍋店、美甲店等，這是很接地氣的。而且在互聯網的環境下，消費類項目能夠實現重構關係的連接，分散的股東可以帶來客戶資源。而這也是投資機構喜歡消費類項目眾籌的原因。

基於此，天使街上的股權眾籌專案是以消費和服務類爲主，以TMT和科技創業爲輔。目前，天使街上的在審消費服務專案有一萬多個，增長迅猛。迫不得已在全國發展子公司，迄今已經開通和簽約十多家。

天使街上的投資者，20%是投資機構和高淨値用戶，80%的用戶是普通投資者。專案投資退出方式有三種，一是TMT項目以ABC輪融資退出，這種項目風險較高，存活率低，不容易退出；另一種是，消費專案以分紅方式退出，這個看得見，摸得著，老百姓容易接受，這也是市場教育的很好方式；第三種是與證券公司合作，在「新三板」掛牌退出。

延伸閱讀　天使匯——幫可靠專案快速找到可靠的錢

　　眾籌行業的爆點已經被引燃。無論是監管機構對規則的重新安排，還是公募眾籌的即將出臺，以及團購平臺的涉足，這些動向都將促使眾籌行業的爆發式成長。

　　作為中國起步最早、規模最大、融資最快的天使投資和股權眾籌平臺，天使匯不僅搶佔行業先機，而且發展後勁十足。截至2015年6月底，天使匯已幫助近400個創業項目完成融資，融資總額近40億元。平臺上註冊的創業者超過13萬名，登記創業項目超過48000個，其中成長超過100倍的優質專案超過40個，包括紛享銷客、e家潔、理財范、杏樹林等多個項目在內；註冊投資人超過40000名，其中認證投資人超過2500名……

　　這一連串令人眼前一亮的數字背後究竟蘊藏著什麼玄機？2015年7月16日，在中關村創業大街，天使匯創始人蘭寧羽表示，自成立以來，天使匯關注的項目和企業主要有以下三類：TMT（以互聯網為主）、尖端技術背景的專案和企業、傳統產業轉型升級過程中具有技術創新和商業模

式創新的企業。同時，對於「小而美」的專案，天使匯也有著獨特的判斷和偏好。

如果只是關注熱門領域，似乎並不能詮釋天使匯的真正與眾不同之處。天使匯的核心到底是什麼？為什麼能快速地幫創業項目找到錢？雖然蘭寧羽笑著回答「還是項目本身很強」，但這顯然是謙虛之詞。

讓可靠的專案找到可靠的錢，這是對於創業者和投資人的雙重承諾。而只有可靠的人才能兌現承諾。

◎專業包裝慧眼識珠

蘭寧羽形容，天使匯所做的工作，就相當於從沙子裏面挑鑽石。「很多金子被沙子包住了，外人看不出裏面究竟是什麼。很多項目，甚至連創業者本人也不知道有沒有獲得融資的可能性。但是在天使匯平臺上，會有一個衡量標準，只要符合基本條件，我認為都有獲得融資的可能。」

蘭寧羽所說的基本條件，就是創業者要有夢想，有激情，有非常強的執行力等。符合基本條件的創業項目，經過天使匯的包裝，就會大放異彩，吸引投資人的目光。

來看看天使匯都是怎樣包裝創業項目的。

面對每一個註冊專案，天使匯都會看幾大關鍵點，比

如看團隊能力的素質維度和設定的目標是否匹配？看創業者所選擇的方向是否有成長性？看用戶場景是否能讓投資人聽起來很振奮？看公司要達到的里程碑是否合理？看所需要的資金是否合理？看融資過程中是否需要造勢來吸引更多投資人的關注？……如果這些關鍵點都OK，項目就有可能獲得超額認購。

看完項目之後，接下來該怎麼做？這裏面也大有文章。為了提高創業者的融資能力，天使匯背後需要做大量授人以漁的工作，在非常多的細節上需要打磨。比如對於創業者的路演演講，一個5分鐘的演講往往要排練一兩百遍。正是通過這樣的訓練，天使匯將創業項目的星星之火形成燎原之勢。此外，天使匯還有同學會、創享匯、閃投公開課、與清華五道口金融學院合作的創業公開課等各種各樣的活動和組織，說明創業者形成小社群。在這個社群裏，大家互幫互助，分享融資的成功經驗和創業的失敗教訓。

在蘭寧羽看過的諸多項目中，下廚房是其中的典型。創業之初，下廚房的創始人Tony帶領團隊在回龍觀社區的一個民宅裏經歷了三次資金瀕臨斷鏈的危機，每一次都是通過天使匯的平臺獲得一筆小額融資從而繼續研發。Tony是一個典型的技術宅男，因為不會講故事，所有投資人和他見完面之後，都說這個人不行，故而不投。但是在蘭寧羽看來，這個專案的產品確實做得非常好。「太多太多的

創業者都不會講故事，天使匯所能做的就是幫助他們不斷提升融資的能力，讓那些外面裹著沙子的金子最終脫穎而出。」蘭寧羽感歎，「天使匯所做的一切，都為一個目的，就是說明創業者解決融資難題。在中關村創業大街上，有很多創業服務機構，包括孵化器，他們的項目也都跑到天使匯來融資，因為天使匯融資速度快，效率高，我們只幹這一件事。」

在天使匯的平臺上，創業者如果融資不成功的話不需要支付任何費用，如果融資成功的話，創業者只要出讓1%的股權作為仲介服務費，以後就可以在天使匯平臺上做任何融資，都不再支付任何費用。用蘭寧羽的話說，就是「一次性收費，終身制服務。」

◎一網通痛點通

對於創業者來說，融到資金後，並非萬事大吉，還有很多複雜的事情需要處理。比如怎樣管理股東，怎樣設定董事會和公司的章程，怎樣設定股東許可權，等等。事實上，99%的創業者都弄不懂，這是很大的痛點。為此，蘭寧羽在兩年前又打造了一網通平臺。一網通初期階段要解決的事情，就是將註冊公司變得像註冊QQ、微信號一樣簡單。

目前，一網通的公司註冊系統已經上線並覆蓋北京市海澱區，即將擴展到全市範圍。「我們在系統裏面把過往工商登記所有遇到的和可能出現的問題全部做了資料採擷，盡可能避免創業者填寫過程當中產生錯誤，把很多填空題改成了選擇題。另外，我們也把這個過程和相關行業做了分析。」蘭寧羽介紹。

考慮到大量的創業者都是宅男、工程師、極客和程式師，溝通能力相對較弱，不太喜歡跑工商局辦事大廳，一網通在資料提交的匹配和去工商局大廳辦事的流程上面做了有意思的創新，提交的檔都設置了二維碼防偽，通過匹配列印，讓檔和工商局最終備案登記的檔完全一致，其他任何人無法篡改。創業者不需要親自去工商局，直接在電腦前就可以完成公司註冊。由系統自動生成辦理材料，創業者只需簽字蓋章，後續有快遞上門收取材料和寄送執照。而一網通與北京市工商局合作，資料安全有保障，不用擔心自己的身分資訊被洩漏。

針對完成融資的創業者，一網通平臺還有管股東的功能。一網通平臺運用大資料工具，分析出創業過程中普遍面臨的痛點，努力通過平臺服務，集成公司治理和投後管理等環節，為用戶提供高效、透明、安全的服務，降低創業成本，促進投融資的規範健康發展。

「初創企業對於股比的計算、股權架構的設立及變更、董事會和股東大會議事機制的確立、股東的管理規則等很多內容都沒有明確的概念，聘請專業律師的費用又很高，一網通平臺就能解決創業者這個痛點。」蘭寧羽說，「我認為提升創業者管理股東的能力，其重要程度不亞於管理公司，很多創業者在這方面的管理能力是非常薄弱的。在股權眾籌的模式下，有時候股東會多達幾十人，創業者必須提高管理股東能力。」

融資之後，創業者需要在規定時間內將資金使用情況向投資人有所交代，而投資人也需要在給錢之後提供更多的資源和幫助力，一網通正好搭建了這樣一個平臺，系統性地構建了經營者與投資者之間完善的溝通機制，通過更為透明的資訊披露，極大地提高了創業公司的效率，並降低了利益雙方衝突的風險。

一網通所提供的工商、公司治理及投後管理服務，不僅為當前幾近沸騰的創業市場添加了一道強有力的保障，也為公共服務市場化貢獻了自己的力量。創新創業是一個系統性的工作，只有更好地完善相關服務體系，才能解決創業者從初始到目標達成所遇到的一切痛點。

第三章

贏在眾籌

——如何才能玩轉眾籌

CEO解構眾籌平臺

眾籌似圍城，有人進，有人出。比如摩點網宣佈進軍遊戲眾籌市場，最大眾籌平臺「點名時間」撕下眾籌標籤。

以下我們就來解構「最接地氣」、「最靈活」「最可靠」和「最糾結」的眾籌模式和平臺。

✎ 最接地氣──戈壁創投「文創」拔頭籌

「你投了那英，還是投樂嘉？」眾籌的出現，這句話完全可以出自一個屌絲之口。

從點名時間的《大魚・海棠》到眾籌網的「快樂男聲」主題電影，影視眾籌以粉絲效應為翅膀，用最快速度走向主流市場。眾籌網CEO孫宏生認為，粉絲效應在文創（**文化創意**）眾籌領域極具複製性。點名時間CEO張佑則認為，眾籌只是借了明星的光，靠粉絲效應有違眾籌的本質。戈壁創投合夥人徐晨認為，從長期來看，眾籌平臺的健康發展還是要靠非明星項目來支持。

國外眾籌平臺Kickstarter為2013年奧斯卡頒獎禮輸送

了《KingsPoint》等3部優秀短片。在中國，文創類眾籌專案同樣「開花且結果」。點名時間《大魚·海棠》曾在點名時間融資額排名第二，1個月內近3600人支持人民幣158萬元；天娛傳媒和眾籌網發起的快樂男聲電影，20天內就有38000多名粉絲出資超過了50萬元。

　　為何文創類眾籌能如此得到青睞？從行業屬性上來看，徐晨表示，影視和音樂這樣文創類眾籌產品會比較受歡迎，其重要原因是，用戶判斷相對容易，週期也會相對較短。

　　孫宏生認為，通過明星專案，殺入相應的細分領域，是讓市場接受眾籌的最佳方式。從眾籌網的成績單上看，那英演唱會、快男電影等案例均證明了他的這一論斷。此外，利用粉絲效應還大量節約了行銷推廣成本。「從一定程度來說，這種眾籌模式相當於一種不會失誤的市場分析。」

　　張佑持不同觀點。他認為利用明星效應有違眾籌的初衷。他向記者分析：「現在任何一眾籌項目如果找最知名的藝人來做，肯定能成。但要注意到，這些藝人其實去任何平臺或者自己發佈都可以達到一樣效果。而眾籌只是借了光而已。」在張佑看來，眾籌的初衷也都是為了幫助草

根，而非藝人。

✎ 最靈活——淘夢網越垂直越深入

　　最初淘夢網也是綜合型眾籌平臺。當眾籌平臺老大哥「點名時間」拿到第一輪融資時，我們意識到，如果要生存下去，必須深挖垂直領域，就選擇了微電影這一細分領域。因爲我們發現，在Kickstarter上一些文藝類型電影還是比較容易勝出的。再加上我們初創團隊還沒有經驗和資源無法駕馭太專業的領域，當時2012年智慧硬體也不紅火。

　　但不久就發現，純走文藝路線，是根本沒辦法生存下去。於是開始尋求商業化運作。

　　目前，發起者可以把片子放在淘夢網進行眾籌，然後我們幫忙去視頻網站進行發佈、推廣、運營以及宣傳。盈利方式有以下幾種：首先，視頻網站可以給我們廣告分成；其次，一些小眾或者高品質的片子還能做到付費點播；第三種方式也在嘗試一些植入廣告，尤其一些創業型公司比較喜歡來平臺選擇一些微電影進行廣告植入合作。其實，整個流程跟電影行業有點類似，只不過我們規模小、資金少。

　　運作兩年來，我們感觸很深的是，目前脫穎而出的影片要麼非常小眾，比如同性戀題材等，要麼就是利用明星或粉絲效應。在推廣路徑上，我們發現學生項目會比較容易成功，他們會借助周圍小夥伴或者學生會的力量。

　　從支持者的回報角度上看，大眾更喜歡實物回報，我們也希望盡可能去做影視周邊的小物件，比如水杯、明信片或海報。有人說這些東西不能打動支持者，我並不是這樣認為。並不是支持者的回報不夠分量，而是發起者方面缺乏創意的作品。在國外街頭賣藝是一門藝術，而這種邏輯在中國行不通。文化差異導致中國目前成功的影視眾籌的數量遠遠少於國外。

✎ 最可靠——《眾籌工坊》以服務打造品牌

　　最及時的資訊，最獨家的內容，最可靠的服務，構成了《眾籌工坊》想要的全部。

　　2014年以來，眾籌概念在中國一路火爆，迅速引起了各界人士的關注，與之相伴的是相關服務平臺也如雨後春筍般紛紛上線。這其中，號稱中國第一家獨立綜合眾籌自媒體《眾籌工坊》以其獨樹一幟獲得了業內矚目和好評。該自媒體5月初上線後，很快就在業內鎖定了自己的第一

批粉絲。平臺上線之初，創始人江南把《眾籌工坊》定位爲一個獨立眾籌綜合資訊平臺，通過結構化的安排爲讀者提供及時、全面、可靠的眾籌資訊，並以其客觀、中立的辦刊態度在中國眾籌領域贏得良好的口碑。

5月份的證監會調研，爲《眾籌工坊》完成了第一階段的口碑積累。5月份眾籌概念剛剛興起，證監會反應神速，很快就在上海召開了第一次眾籌行業座談會，並對眾籌的定位進行了明確。在該會議召開的當天晚上，《眾籌工坊》就以其獨特的資訊管道和過硬的職業素養，率先獨家發佈報導，成爲中國第一家報導相關內容的媒體。此後，有關眾籌的政策傳聞甚囂塵上，各種版本層出不窮，讓眾籌業人士頗有無所適從之感，《眾籌工坊》基本都在第一時間發佈相關資訊，及時對政策動態進行報導，爲讀者提供第一手資訊，獲得了業內人士的充分肯定。

獨家原創內容的推出，使《眾籌工坊》的口碑指數再上臺階。一段時間的運作之後，江南發現，雖然自己製作很用心，工作很努力，但效果卻在逐步遞減。因爲獨家新聞不是時時都有，而其他資訊則存在嚴重的同質化問題，往往一個新聞會同時在十幾家自媒體上出現。「如果你不能提供獨家內容，你就很難持續的吸引到讀者的眼光，也

就很難在眾多的同道中脫穎而出。」基於這個想法，《眾籌工坊》很快推出了「品牌提升合作共贏」原創作品計畫以及每週一次的高品質專業訪談，以「無中生有」（某網友評論）的方式，製造獨家優質內容，並再一次贏得了業內朋友的認可，口碑指數再上一個臺階。截止到8月初，《眾籌工坊》已刊發近200篇優質眾籌資訊，其中獨家頭條內容占三分之一左右。

「最即時、最獨家、最可靠，是我們提供給用戶的最大價值」。這是《眾籌工坊》的核心競爭力。不過隨著眾籌行業的逐步發展，僅僅以資訊作為服務內容，已不能滿足人們的需要，也難以樹立《眾籌工坊》的核心競爭力。根據目前眾籌需求強烈但多數人對眾籌概念還很模糊的情況，下一步，《眾籌工坊》準備以眾籌相關服務為切入點，為有需要的中小企業和個人提供眾籌方案設計、專案推廣以及籌後管理等覆蓋籌前、籌中及籌後的全面服務，同時逐步建立眾籌培訓體系，做好眾籌知識的普及工作。「我們希望能夠以價廉質優的服務，說明更多的中小創業者實現夢想，打造《眾籌工坊》的綜合服務品牌。」目前，《眾籌工坊》已經組建了包括垂直眾籌平臺創始人、品牌策劃人、知名律師在內的專業團隊。

✎ 最糾結——點名時間轉型糾結半年

點名時間用了三年時間打造中國最大的線上眾籌平臺，現在又把這一標籤撕掉，打造智慧硬體的首發平臺。這個過程點名時間糾結了半年。其實不是點名時間不再做眾籌，而是把眾籌的精髓提煉出來，用更簡單明瞭的標籤來定位自己。

有兩個理由：首先，眾籌這個詞的涵義太廣了。從國際上來說，本身就有股權、債權、回報和公益四大類眾籌平臺。這就給網站定位或者網站推廣的時候造成了困擾。很多人看到眾籌，第一想到就是籌資甚至集資，就想到投資你啊。其實點名時間不是，點名時間一直都偏向於新形態的電商。既然不能讓大家在五秒內理解我們是做什麼的，點名時間寧可去掉標籤，直接告訴大家點名時間在做什麼。

其次，也是根據創業者的需求來改變。其實資本大量湧入智慧硬體，他們並不缺錢，而是缺少一個首發平臺。現在在點名時間，發起人能籌集到的不僅僅是錢，還有其所需要的資源。公司也不會把眾籌的模式給剔除掉，但它只是點名時間眾多鏈條上的一個環節。這樣，更接近市場

運作。

　　其次講講為何點名時間做智慧硬體。中國的狀況跟國外不一樣，即使點名時間有了像《大魚‧海棠》和《十萬個冷笑話》這兩個籌資金額很高的成功案例，但中國願意支持這類藝術文化類項目的人還是少數。大家願意掏錢支持的還是產品、實物類型的專案。另外也是看到智慧硬體未來的趨勢。雖然目前智慧硬體的眾籌專案，還沒有一個到千萬級別的，還在一個培育階段。

　　從產品的角度來說，更生活化的產品更接地氣。點名時間很多偏極客的項目，這僅僅是小眾市場。以之前成功的眾籌項目智慧水杯為例，這是比較貼近生活和市場的產品。因為從來沒有一個杯子提醒你忘了喝水，杯子用了簡單的方案做出來了，大家一看就很心動。類似這樣的產品可能會是一個趨勢。

網路眾籌的10個經典案例

眾籌在中國還是初期階段，各種眾籌融資的案例很多，但成功運作的專案卻是鳳毛麟角。接下來分享中國眾籌的十個經典案例：

案例1 美微創投——憑證式眾籌

朱江決定創業，但是拿不到風投。2012年10月5日，淘寶出現了一家店鋪，名為「美微會員卡線上直營店」。淘寶店店主是美微傳媒的創始人朱江，原來在多家互聯網公司擔任高管。

消費者可通過在淘寶店拍下相應金額會員卡，但這不是簡單的會員卡，購買者除了能夠享有「訂閱電子雜誌」的權益，還可以擁有美微傳媒的原始股份100股。朱江2012年10月5日開始在淘寶店裏上架公司股權，4天之後，網友湊了80萬。

美微傳媒的眾募式試水在網路上引起了巨大的爭議，很多人認為有非法集資嫌疑，果然還未等交易全部完成，

美微的淘寶店鋪就於2月5日被淘寶官方關閉，阿里對外宣稱淘寶平臺不准許公開募股。

而證監會也約談了朱江，最後宣佈該融資行為不合規，美微傳媒不得不像所有購買憑證的投資者全額退款。按照證券法，向不特定對象發行證券，或者向特定對象發行證券累計超過200人的，都屬於公開發行，都需要經過證券監管部門的核准才可。

案例2 3W咖啡——會籍式眾籌

互聯網分析師許單單這兩年風光無限，從分析師轉型成為知名創投平臺3W咖啡的創始人。3W咖啡採用的就是眾籌模式，向社會公眾進行資金募集，每個人10股，每股6000元，相當於一個人6萬。那時正是玩微博最火熱的時候，很快3W咖啡彙集了一大幫知名投資人、創業者、企業高級管理人員，其中包括沈南鵬、徐小平、曾李青等數百位知名人士，股東陣容堪稱華麗，3W咖啡引爆了中國眾籌式創業咖啡在2012年的流行。

幾乎每個城市都出現了眾籌式的3W咖啡。3W很快以創業咖啡為契機，將品牌衍生到了創業孵化器等領域。

3W的遊戲規則很簡單，不是所有人都可以成為3W的

股東，也就是說不是你有6萬就可以參與投資的，股東必須符合一定的條件。3W強調的是互聯網創業和投資圈的頂級圈子。而沒有人是會爲了6萬未來可以帶來的分紅來投資的，更多是3W給股東的價值回報在於圈子和人脈價值。試想如果投資人在3W中找到了一個好項目，那麼多少個6萬就賺回來了。同樣，創業者花6萬就可以認識大批同樣優秀的創業者和投資人，既有人脈價值，也有學習價值。很多頂級企業家和投資人的智慧不是區區6萬可以買的。

其實會籍式眾籌股權俱樂部在英國的M1NT Club也表現得淋漓盡致。M1NT在英國有很多明星股東會員，並且設立了諸多門檻，曾經拒絕過著名球星貝克漢，理由是當初小貝在皇馬踢球，常駐西班牙，不常駐英國，因此不符合條件。後來M1NT在上海開辦了俱樂部，也吸引了500個上海地區的富豪股東，主要以老外圈爲主。

案例3 大家投自眾籌——天使式眾籌

2012年12月10號，李群林把他的眾籌網站大家投（最初叫「眾幫天使網」）搬上了線。在這之後，直到今天10個月內，他做了5件「大事」——給「大家投」眾籌了一筆天

使投資、推出領頭人＋跟投人的機制、推出先成立有限合夥企業再入股項目公司的投資人持股制度、推出資金託管產品「投付寶」，「大家投」有了第一個自己之外的成功案例。

李群林之前是做技術和產品的，2012年想創業，可錢不夠，想找投資卻不認識天使投資人。環顧一圈，中國創業這麼熱，像他這樣沒有管道推廣自己的想法，苦於找投資人的創業者比比皆是。同時，除了那些能幾十萬上百萬投資的天使投資人之外，中國還有大把有點存款、閒錢的人。而且，目前中國的天使投資人還太少，遠不能滿足創業者的需求。李群林想到做一個眾籌網站，把創業者的商業想法展示出來，把投資人彙聚起來，讓他們更有效率地選擇。

那時，中國最早的眾籌網站點名時間已經推出1年多，最開始李群林也想上去碰碰運氣，看看能不能先幫自己籌到專案資金。但他發現，點名時間採用的是預購的方式，就像當時的法律規定那樣，眾籌網站給支持者的回報不能涉及現金、股票等金融產品，也就是對支持者來說，參與眾籌是一項購買行為。李群林覺得這對自己來說有些不實際，自己做互聯網專案，推出的大多是虛擬產品和服

務，而且鑒於中國互聯網的免費特徵，很難事先跟支持者約定回報的方式。不僅對自己不適用，李群林也覺得這種認購的方式吸引力有限。買東西的動力不足，僅為了幫別人實現理想就拿出錢財支持這也不太適合國人的務實精神，至少難以擴散開來。李群林判斷，把眾籌作為一種購買行為會限制它的成長速度和規模，他覺得作為投資行為更符合大家參與眾籌的需求。於是，他決定做一個股權融資模式的眾籌網站。

第一個實驗對象就是他自己的專案「大家投」。李群林把「大家投」的專案說明放在了網站上。那時，他的想法特別簡單，創業者把自己的項目展示在網站上，設定目標金額和期限，投資人看了覺得不錯就來溝通，然後投資成為專案股東，投的人多了逐漸把錢湊齊。眾籌完成，平臺收取服務費。

不久，有人給他建議，這麼搞是不行的。投資需要專業能力，投資人需要帶動，最好是設立領投人＋跟投人的機制，可以通過專業的投資人，把更多沒有專業能力但有資金和投資意願的人拉動起來，這樣才能彙聚更多的投資力量。同時，在投資過程中和投資後管理中，有一個總的執行人代表投資人進入專案公司董事會行使專案決策與監

督權力。李群林採納了這條建議，為「大家投」增加了這一條規則，投資人可以自行申請成為領投人，平臺審核批准之後就可以獲得這一資格。

「要想眾籌得快，最好是創業者熟人＋生人的結合」，聊起現在網站上還沒籌資成功的專案，李群林反覆強調這句話。眾籌是個彙聚陌生人的平臺，創業者最好能先發動自己的熟人支持自己，然後由這些熟人的行為帶動平臺上的陌生人。這是李群林的經驗之談，「大家投」到今年3月份共3個月時間成功籌得100萬人民幣，在項目團隊只有自己一個人的情況下獲得共計12個投資人的支持就是這樣做到的。

大家投的12名投資人中，有投資經驗的只有5個人。這有點像美國人所說的**最早的種子資金應該來自於3F，Family（家庭），Friends（朋友）和Fool（傻瓜）**。

在先被一些天使投資人拒絕之後，李群林把目光轉向了微博與各類創投沙龍活動，在上面找認同他的人。最後，他找到深圳創新谷的合夥人余波，余波覺得大家投的股權融資眾籌模式是當時能填補初創企業融資管道空白、構築微天使投資平臺的業務模式，所以決定做一做這種金融創新背後的推手。於是，創新谷成為了「大家投」這個

項目本身第一個投資者，也是唯一一個機構投資者。有了創新谷的信用背書，大家投又成功吸引了後面11個跟投人。這12位投資人分別來自全國8個城市，6人參加了股東大會，5人遠端辦完了手續，這裏面甚至有4個人在完全沒有接觸專案的情況下決定投資。

大家投網站模式是：當創業項目在平臺上發佈項目後，吸引到足夠數量的小額投資人（天使投資人），並湊滿融資額度後，投資人就按照各自出資比例成立有限合夥企業（領投人任普通合夥人，跟投人任有限合夥人），再以該有限合夥企業法人身分入股被投項目公司，持有項目公司出讓的股份。而融資成功後，作為中間平臺的大家投則從中抽取2%的融資顧問費。

如同支付寶解決電子商務消費者和商家之間的信任問題，大家投將推出一個中間產品叫「投付寶」。簡單而言，就是投資款託管，對專案感興趣的投資人把投資款先打到由興業銀行託管的協力廠商帳戶，在公司正式註冊驗資的時候再撥款進公司。投付寶的好處是可以分批撥款，比如投資100萬，先撥付25萬，根據企業的產品或運營進度決定是否持續撥款。

對於創業者來講，有了投資款託管後，投資人在認投

專案時就需要將投資款轉入託管帳戶，認投方可有效，這樣就有效避免了以前投資人輕易反悔的情況，會大大提升創業者融資效率；由於投資人存放在託管帳戶中的資金是分批次轉入被投企業，這樣就大大降低了投資人的投資風險，投資人參與投資的積極性會大幅度提高，這樣也會大幅度提高創業者的融資效率。

社交媒體的出現，使得普通人的個人感召力可以通過社交媒體傳遞到除朋友外的陌生人，使得獲得更多資源資金創業公司皆有可能。

案例4 羅振宇用眾籌模式改變了媒體形態

2013年最矚目的自媒體事件：也似乎在證明眾籌模式在內容生產和社群運營方面的潛力：《羅輯思維》發佈了兩次「史上最無理」的付費會員制：普通會員，會費200元；鐵桿會員，會費1200元。買會員不保證任何權益，卻籌集到了近千萬會費。愛就供養不愛就觀望，大家願意眾籌養活一個自己喜歡的自媒體節目。

而《羅輯思維》的選題，是專業的內容運營團隊和熱心羅粉共同確定，用的是「知識眾籌」，主講人羅振宇說過，自己讀書再多積累畢竟有限，需要找來自不同領域的

強人一起玩。眾籌參與者名曰「知識助理」，爲《羅輯思
維》每週五的視頻節目策劃選題，由老羅來白活。一個人
民大學叫李源的同學因爲對歷史研究極透，老羅在視頻中
多次提及，也小火一把。要知道，目前《羅輯思維》微信
粉絲150餘萬，每期視頻點擊量均過百萬。

　　羅振宇以前是央視製片人，正是想擺脫傳統媒體的層
層審批和言論封閉而離開電視臺，做起來自己的自媒體。
靠粉絲爲他眾籌來養活自己，並且過得非常不錯。

案例5 樂童音樂眾籌——專注於音樂專案發起和支持的眾籌平臺

　　樂童音樂近期完成了一個百萬級的音樂硬體類產品眾
籌，成爲原始會眾多成功融資經典案例之一。其創始人馬
客表示，目前樂童音樂的主要支出是人力成本，所得融資
會更多地去做產品，內容上也會有變化，多去拓展音樂衍
生品、藝人演出方面，突破現有音樂產業模式，探討更多
新的可能。

　　馬客認爲，眾籌模式已經改變了很多的行業和鏈條，
這種方式很有價值，之前曾入駐眾籌網開放平臺，幫助樂
童音樂在資源整合，以及產品曝光方面說明不小。此次

再次與網信金融旗下的原始會合作發起融資，他表示很受益，對股權眾籌這種全新的融資方式抱有信心。

　　作為專注於做音樂的垂直類眾籌網站，樂童音樂在音樂眾籌、音樂周邊的實物預售等方面已經取得了不小的成績，在業內頗有名氣。

　　當談及樂童音樂能夠成功融資的秘訣時，他認為，除了明確的商業目標和未來規劃，對於一個初創企業來說，投資人很看重團隊的執行力，因為這會直接影響到企業的運作。

　　據瞭解，除了樂童音樂，原始會還幫助過許多的企業成功融資。公開資料顯示，截止到目前，原始會的合作創業專案已有2000多個，投資人（機構）超過1000位，成功融資的項目已有8個，融資額已經超過1億元。

　　原始會CEO陶燁表示，基於互聯網的優勢，眾籌最終也會把傳統線下融資改為線上融資。一方面，投資人可以在這個平臺上找到海量的融資。另外一方面，投資變化也可以在我們這個平臺上找到，不會有一對一線下的管道可以找到。此外，在這個平臺上，互聯網投融資雙方，可以在這種海量信息中快速配對，快速找到買家和賣家。樂童音樂之所以能夠快速在原始會融資成功，主要在於其項目

足夠優秀。「互聯網金融是新興行業，股權眾籌市場潛力非常大，把線下的傳統投融資，逐漸轉到線上投融資，它是一個變革性的東西，是一次革命。

案例6 天使匯眾籌——突破中國融資記錄

2013年10月30日，天使眾籌平臺天使匯在自己的籌資平臺啟動眾籌，為天使匯自己尋求投資。截止到11月1日5時30分，天使匯目前的融資總額已經超過1000萬，超過天使匯自己設定的融資目標500萬一倍，創下最速千萬級融資記錄。

天使眾籌平臺天使匯（Angel Crunch）成立於2011年11月，是中國排名第一的中小企業眾籌融資平臺，為投資人和創業者提供線上融資對接服務，是中國互聯網金融的代表企業。天使眾籌即多名投資人通過合投方式向中小企業進行天使輪和A輪投資的方式，相比傳統的投融資方式，天使匯為創業者提供了一個更規範和方便的展示平臺，為創業者提供了一站式的融資服務

案例7 聯合光伏用眾籌模式改變了企業融資

股權眾籌雖然一直以來頗受爭議，但仍然改變不了這

種企業用眾籌項目融資的熱情。今年2月，聯合光伏在眾籌網發起建立全球最大的太陽能電站的眾籌項目，項目是典型的股權眾籌模式。

該項目預計籌資金額為1000萬元，每份籌資金額為10萬元，每個用戶最多購買一份，所有支持者都將會成為此次項目的股東。項目截止到現在，已經超額完成了預定任務，總計籌資金額達到1000萬元。

聯合光伏這個專案無論是從規模上還是從具體實施上都給整個眾籌行業起到了示範作用。而對於股權眾籌受爭議的部分，隨著去年美國JOBS法案簽署，今年證監會正式將股權眾籌放到討論事項，股權眾籌得到相關法律支持的可能性非常大。到相關法律規定出臺之時，相信一定還會有其他企業仿效聯合光伏，用眾籌的模式進行融資。

案例8 樂視用眾籌開創了企業利用眾籌行銷的先河

中國知名視頻網站樂視網牽手眾籌網發起世界盃互聯網體育季活動，並上線首個眾籌項目——「我簽C羅你做主」。只要在規定期限內，集齊1萬人支持（每人投資1元），項目就宣告成功，樂視網就會簽約C羅作為世界盃代言人。屆時，所有支持者也會成為樂視網免費會員，並

有機會參與一系列的後續活動。這可能是中國第一次用眾籌方式邀請明星。

這次眾籌項目的意義在於開創了企業利用眾籌模式進行行銷的先河。首先,利用了眾籌模式潛在的使用者調研功能。樂視網此次敢於發佈簽約C羅的項目,相信樂視網就早已準備好了要跟C羅簽約世界盃,通過此次與眾籌網聯合,可以讓樂視網在正式簽約之前,進行一次用戶調研。

其次,樂視網通過與眾籌網的聯合,給簽約C羅代言世界盃活動進行了預熱。樂視網充分利用了眾籌潛在的社交和媒體屬性,在世界盃還沒到來的時候就做出了充分的預熱。最後,樂視網可以接觸此次活動拉動世界盃的收視,並且為正式簽約C羅之後的活動積累到用戶。

樂視網的這一創舉一方面讓眾籌網越來越多地進入大家的視線,另一方面也給整個眾籌行業起到了帶動作用。但隱藏在活動背後,值得其他有相同想法的企業思考的是,通過眾籌網,企業還可以怎麼玩。

案例9 李善友用眾籌模式改變創業教育

「求捐助!交學費!不賣身!只賣未來!」繼一批創

業者高調網上眾籌之後，微窩創始人錢科銘也緊隨其後，於前幾日在微博朋友圈喊話，向粉絲賣未來，籌集上中歐創業營的11.8萬元學費。

「眾籌學費」正是中歐創業營創始人李善友教授給新學員們佈置的第一次實踐任務，學員需要運用互聯網思維來爲自己籌集學費。而網上這些或真誠或詼諧的文章就出自於中歐創業營的第三期「准」學員們。

案例10 Her Coffee咖啡——海歸白富美眾籌

如果要說當下最時髦的互聯網金融概念，非眾籌莫屬。但近日卻爆出了66位海歸白富美眾籌的Her Coffee咖啡店經營不到一年就瀕臨倒閉的消息。在經歷了起初的喧囂後，如今越來越多的眾籌咖啡店陷入了虧損窘境。眾籌咖啡店爲何失敗呢？

如果說去年互聯網金融最熱門的話題還要屬餘額寶和P2P的話，那時下最熱門的話題無疑是眾籌了。無論是此前阿里推出的「娛樂寶」，還是7月初京東推出的「湊份子」，巨頭們對眾籌的追捧，也讓眾籌爲越來越多人所知曉，成了不少人眼中新穎的投資理財方式。但作爲海外最原始的眾籌形態的移植，最早一批興起的眾籌咖啡店卻在

喧囂過後，面臨著虧損倒閉的窘境。

記得有位女性作家說過，每個女孩內心深處都駐紮著幾個夢想精靈，其中就包括開一家屬於自己的咖啡店的夢想。只是過去敢把夢想變為現實的女孩少之又少，然而借助眾籌的力量，去年8月，66位來自各行各業的海歸白富美，每人投資兩萬元，共籌集132萬元在北京建外SOHO開了一家咖啡館，名字叫Her Coffee。

這些美女股東幾乎都有國外名校的背景，大多就職於投行、基金、互聯網行業，最初只是八九個人湊在一起想開個咖啡店，因為錢不夠，於是又各自拉進來不少朋友，最後開了這家被稱為「史上最多美女股東」的咖啡館。

記得開業當天，影視明星李亞鵬、主持人王梁、李響、暴風影音CEO馮鑫、銀泰網CEO廖斌等眾多明星、企業家都前來捧場，好不熱鬧。

當初，這家咖啡店的股東們聲稱她們將會舉辦各種主題活動，以吸引創業女性來此聚集，可誰曾想到開業不到一年，卻傳出要關店的消息。股東之一的李彤（微博）說，目前她們確實在商討這個問題。她說：「可能是一個準備吧，你有幾個決定都需要通過股東大會嘛。比如說新的股東介入啊，沒有的話是不是要暫時閉店，是不是要換

地方啊。如果我們沒有新的方案出來那就閉店，然後再選新地方。」

事實上，Her Coffee 的情況並非個案，去年長沙一家吸納了144個股東的眾籌咖啡館，同樣在摸索近一年後，因為持續虧損，正面臨倒閉；杭州一家有110名股東的眾籌咖啡館開業一年半，同樣收支從來沒有實現過平衡。同樣例子不勝枚舉。

然而有意思的是，幾乎所有眾籌咖啡店的小老闆們，在當初開店時被問及如果今後經營業績不佳該怎麼辦時，幾乎清一色回答是「我們不以盈利為目的」。在他們看來，眾籌咖啡店不但是一種很新穎有趣的創業形式，而且咖啡店本身所散發的小資情調和天然的交流平臺的功能，才是他們最為看重的賣點。

只是套用一句有點爛俗的話：理想很豐滿，現實很骨幹。不盈利並不代表能保證不虧損，不以盈利為目的不代表虧錢了也無所謂。之所以不少眾籌咖啡店在經營將近一年時傳出面臨倒閉的新聞，正是因為當初開店時眾籌的原始資金只夠第一年初始投資費用，即裝修、傢俱、咖啡機等一次性硬體投入和第一年的租金。假如第一年咖啡店持續虧損，則意味著咖啡店只有兩條出路：要不就是進行二

次眾籌，預先籌集到第二年的房租、原料、水電、員工等剛性成本，繼續燒錢；要不就是關門歇業，一拍兩散。

事實證明，對大部分參與眾籌的股東來說，「不以盈利爲目的」甚至「公益性質」的說辭只是一種冠冕堂皇的高調子，畢竟砸進去的是幾千甚至幾萬元血汗錢，大部分股東還是希望咖啡店能賺錢並給自己帶來投資回報，即使不賺錢，如果咖啡店能維持經營也行。但如果持續虧損，那這個資金缺口誰來承擔呢？第一次眾籌成功依靠的是希望和夢想，當盈利希望破碎後，又有幾人願意再通過二次眾籌，往這個虧損的無底洞裏砸錢呢？因此關門歇業成了最理性的選擇。

眾籌之前要思考的5個問題

眾籌是一個可以讓大家來發佈項目實現投資的平臺，未來可能成長爲參天大樹。做大平臺沒有錯，但當大潮退去，互聯網的特性決定了市場一般只能存活一到兩家最強

的平臺。在你打算衝進眾籌大潮之前，必須先想好下面幾個關鍵問題。

眾籌大平臺如何做？

「燒錢」、「快速燒錢」，用市場化的方法快速獲取用戶，集聚項目，快速形成「壁壘」，引領眾籌行業導向，互聯網的商業形態與傳統金融的商業形態的區別在於投資週期更長，這與VC的投資週期是相對應的，一般7～8年，才能實現穩定的贏利，所以眾籌大平臺的成功一定離不開資本市場的接力棒，從天使到A輪到B輪到C輪或D輪。

縱觀各家眾籌平臺，專案成功率大都不高，如果把專案發起人申請但未通過平臺審核的也計算在內，成功率更低，所以各家平臺其實都特別缺好項目，這正是現在眾籌平臺的痛點。眾籌項目的製作包括：策劃、文案、美工，更精緻的製作還會加上視頻的創作，所以眾籌項目的策劃是個專業細緻的活，隨著眾籌行業的發展，爲眾籌做配套的服務市場前景廣闊。年輕的創業者，如果對眾籌感興趣，可以從這方面入手。眾籌項目的優點是進入門檻低，風險也低，缺點是很難有高的增長性到最終的成功，是籌資的現金流支撐了整個公司的現金流，而營業現金流和投

資現金流可能要等到多年以後了。當然一味蠻幹的燒錢也必然是不負責任的，燒錢方向和力度的拿捏是眾籌大平臺成功的關鍵。改變用戶習慣、提升用戶滿意度、增強用戶黏性的燒錢，砸得越狠越猛，眾籌大平臺的估值越大。

✎ 垂直型眾籌平臺可行嗎？

對於普通的創業者，沒有雄厚的資本做後盾，做個專業領域的小平臺，能搭上眾籌這波風口嗎？眾籌小平臺的切入點非常關鍵，這個切入點是未來不會被大平臺衝擊的保證。但這是個次優的選擇，短期可以增加小平臺的存活率，長期必將陷入進退兩難的境地，「進」沒有成長性，一旦想進入大市場必然面臨已成熟大平臺的狙擊，退已無路可退。眾籌小平臺必然需要專業的行業背景支撐，所以眾籌小平臺的定位更適合已有企業的行業多元化佈局，未來的成功是以整個公司集團的成長為收穫，實現與原有主業的配套成長。普通的創業者，尤其是無行業背景的創業者，請慎之！

✎ 做眾籌項目是個優選嗎？

每個人或團隊的服務容量一定是有限的。做眾籌專案

會是個理想男人的定位嗎？

眾籌是做平臺還是做項目？

時光如果可以倒轉到2002年，你會選擇做淘寶還是到淘寶上開個店？今日市場熱議如何做眾籌的前提是有非常多的人開始創業了，創業是個好時代，創業的競爭性也在增加。現已成立的137家眾籌平臺，其中至少21家已經倒閉或無運營跡象，6家發生業務轉型。眾籌飛起來了，越來越多的眾籌公司正在路上，平臺和專案的選擇將會有更多的人需要面對。

法律對股權眾籌有哪些規定？

2014年12月18日中國證券業協會公佈了《私募股權眾籌融資管理辦法（試行）（徵求意見稿）》，明確規定股權眾籌應當採取非公開發行方式，並通過一系列自律管理要求以滿足《證券法》第10條對非公開發行的相關規定：一是投資者必須為特定對象，即經股權眾籌平臺核實的符合《管理辦法》中規定條件的實名註冊用戶；二是投資者累計不得超過200人；三是股權眾籌平臺只能向實名註冊使用者推薦專案資訊，股權眾籌平臺和融資者均不得進行公

開宣傳、推介或勸誘。《私募股權眾籌融資管理辦法（試行）（徵求意見稿）》，規定眾籌專案不限定投融資額度，充分體現風險自擔，平臺的准入條件較為寬鬆，實行事後備案管理。

如何製作眾籌商業計畫書

招股說明書的結構、要點、披露範圍等對股權眾籌商業計畫書來說，具有重要的參考意義。

商業計畫書是企業經營的「兵棋推演」，用來初步分析創業目標實現的可行性，也用來評估創業者的管理水準和創業項目的發展能力，因而投資人在考察專案的過程中，對商業計畫書的品質是比較看重的。

股權眾籌的發起人，如何完成一份高品質商業計畫書呢？

1.商業計畫書通用要素

制定商業計畫書的根本目的，是要說明清楚：創業企業需要多少資金，為什麼值得進行該筆資金的投資？

通用的商業計畫書大致包括十部分來說清楚這兩個問題。

（1）摘要，讓讀者能在最短的時間裏評估商業計畫並做出判斷。

（2）企業和項目介紹。

（3）產品/服務介紹。重點是新技術、新工藝或新商業模式將帶來的新發展。

（4）市場需求。

（5）市場銷售管道。

（6）產品/服務的定價策略。在市場波動中，企業需重視現金的收支，因此流動資金常常比利潤更為關鍵。

（7）發展戰略和風險分析。

（8）企業管理。

（9）需花較多精力來做具體分析的銷售和財務預測。

（10）其他需要說明的事項，如選擇投資者的條件和要求等。

2.股權眾籌商業計畫書獨特性

平民化

目前在股權眾籌平臺上的投資方一般以個人投資者為主，平臺運作方式上也表現出平民化屌絲風格，因而商業計畫書的結構要簡單，具有去權威化特點。如果一味地照傳統投資基金經理的標準完成一份商業計畫書，估計投資人們會大呼沒勁。因此某些眾籌網站在開發專案時，並沒有像傳統投資機構那樣要求創業者一定要有嚴謹的商業計畫書，也沒有把商業計畫書放到網站上供投資人下載或審閱，而是把商業計畫書的核心關注點和精髓抽取出來，做成可讀性和視覺效果更好的材料，比較注重移動閱讀和「美術」體驗，特別強調閱讀的趣味性。

對那些缺乏經驗的個人投資者，特別是從網上來的投資人而言，看正兒八經的商業計畫書是件很頭疼的事，他們更樂意對自己感興趣的或者原本比較熟悉領域的項目進行投資嘗試，畢竟眾籌投資門檻低，一旦成功，收穫和趣味無窮。專業而正經的投資分析與判斷，在一定程度上，需要領投人關注更多，也有賴於像某些網站自身那樣的投資經理團隊去把握。

具有招股說明書的屬性

招股說明書是就融資或發行股票中的有關事項向公眾作出披露，並向非特定投資人提出入股要約的邀請性檔。可以這麼說，股權眾籌的商業計畫書，就是一份招股說明書，不是嗎？傳統意義上，商業計畫書是向少數特定投資人進行融資或其他目的而製作的檔，而招股說明書用於公開融資招募股東而製作的文件。股權眾籌是不能避諱招股的屬性的，招股說明書的結構、要點、披露範圍等對股權眾籌商業計畫書來說，具有重要的參考意義。

特有內容和投資人的福利

股權眾籌專案的產品設計，要有特色地設計投資人權益、參與機會和資源利用，在其商業計畫書中則需要對這些設計的內容進行表述和披露。包括但不限於向投資人免費贈送一些新產品，給投資人試用機會，提供特別VIP的待遇……讓投資人更深刻地認識到新產品的作用和意義，同時利用投資人的社會聯繫來有效地擴大新產品的影響力，開拓銷售管道。

需要符合眾籌平臺的要求與規範

股權眾籌一般是通過平臺來進行，可以充分利用到平臺的標準化服務，利用到平臺的廣泛資源型群體，這其中

就包括遵從商業計畫書的要求與規範。融資不通過平臺來進行，可能每個人表述一個專案的角度和詳略都不同的，通過平臺，就一致而規範了。眾籌專案是否能夠融資成功，一方面取決於專案本身，另一方面取決於平臺的傳播與背書屬性。做眾籌平臺的商業計畫書，不但要方便於線上流覽，還要方便於傳播。

融資過程中要不斷進行內容更新

傳統的商業計畫書通過紙質或者檔來傳遞的，只要發出來就已經過時，企業一直在變化和成長中。股權眾籌平臺一般都是一個互聯網線上平臺，項目方可以隨時更新、補充專案資料，保持重要事項的更新和同步。補充的資訊可以是產品進展、團隊變化、市場回饋，也可以是融資過程中其他投資人的回饋與評價，實現的融資進展。最新的資料和及時的互動，往往是產生信任感，促進投資人做出投資決定的重要因素。

如何設計一個股權眾籌專案？

　　股權眾籌專案和傳統融資專案一樣，都需要向投資人披露商業計畫書，不同的是，股權眾籌項目是面向大眾募集，因此在資訊披露方面需更加完整、更加規範，除此之外，針對「眾籌」這一特徵還需附加一些特定說明。

　　股權眾籌項目作為一個融資項目，自然必不可少地需包含傳統融資項目商業計畫書中的一些基礎資訊，例如公司資訊、股權結構、團隊資訊、產品/服務資訊、經營情況、未來規劃等，這些已是老生常談了。然而對於股權眾籌來講，還需要哪些額外說明呢？

1.融資額範圍

　　股權眾籌產品除了確定融資額度和出讓股份外，還需定義眾籌成功的融資額範圍。股權眾籌產品因其面向大眾，所以很有可能融資少於100%，也有可能超過100%。如果融資額少於100%的情況下，多少比例是可接受範圍，低於多少比例將視為募資失敗，是需要在股權眾籌產

品設計時說明的。以天使街某專案爲例，目前該專案認籌
100萬元（**出讓10%股份**）已滿額，但如果專案最終只融到
60萬，專案方是否同意融資60萬，出讓股份6%？同樣，
融資比例的上限設定爲多少，高於多少比例的認籌將不再
接受，這些也需要在股權眾籌產品設計時明確。

2. **股權眾籌時間**

傳統融資項目商業計畫書一般都非對外公開，因此在
融資時間上沒有特定的要求，融資方案可以根據時間推移
和專案進展隨時調整內容。然而，通過股權眾籌的方式，
其資訊資料在有限時間內一般都不允許被更改，因此通常
需要設定募資時間。眾籌期限一般爲正式對外公佈後的2
個月內，同時還需要說明的是，如果時間到期而募資額未
完成的情況下，是否支持延長眾籌時間，延長的期限爲多
久，等等。

3. **領投人要求**

目前眾籌入股專案公司的方式通常爲：全部投資人共
同成立一個合夥企業，由合夥企業持有專案方的股權。執
行合夥人將代表有限合夥企業進入專案企業董事會，履

行投資方的投後管理責任。執行合夥人一般即是眾籌領投人，專案說明書上可以對其提出條件要求，例如領投人必須是某領域專家、某認證協會會長、上下游某公司老闆等，除此之外，對領投人的認籌比例也可以設定一個範圍值。

4. 跟投人要求

除領投人之外的眾籌投資人都稱為跟投人，《合夥企業法》規定，有限合夥企業由兩個以上50個以下合夥人設立，因此跟投人不能超過49人。但在實際操作中，專案方會根據自身情況來設定投資者人數範圍，以及每位投資者可以認籌額度範圍。例如，對於傳播性要求較高的消費類專案，可以將每份認籌額設定低一些，投資者多，有利於傳播。對於整合性要求較高的資源類項目，可以將每份認籌額設定高一些，這樣門檻高些，投資者雖然少了，但相對專業些。這些都可以根據具體情況來設定。

5. 誠信管理

投資人在確定了投資意向後，可能需要對專案進行多輪訪談，項目方也可以對投資人進行篩選，此時就涉及到

投資人優先權重問題。在簽訂了合夥企業協定之後,投資人才將投資款打入相應帳戶中,從意向到打款的整個週期較長,也會出現投資人變動等問題。誠信管理有效地解決了該類問題,大大增加整個眾籌過程的效率和規範性。不同股權眾籌平臺有不同的誠信管理機制,例如誠信評分機制、保證金制度。某些平臺使用的是保證金制度,在眾籌產品設計時可以設定繳納保證金的投資人優先權機制以及保證金的退還機制等。

6.認籌投資人特定權益

投資人往往投資股權眾籌專案,除了實現財務投資的目的,往往也是融資項目的忠實粉絲,他們往往有濃厚的興趣參與到項目中來,成為前期種子客戶或者 VIP 會員客戶,或者提供特別的資源對接與幫助,這是股權眾籌除了籌資金之外,極為重要的一方面。因此,如何有效地運用首批資源,給予眾籌投資人特定權益,也是眾籌產品設計時最引人注目的一部分。例如,產品試用權、服務終生免費權、網站金牌會員、代理分銷權等等。

讓眾籌專案在一天突破目標的技巧

對於創業者來講，眾籌並不陌生，甚至有些創業專案已經在試水眾籌市場，然而其中成功的專案很少。原因在哪？

e人籌，作為中國首家互聯網初創企業專屬股權眾籌平臺，其創始人王國旭與創業者總結出眾籌平臺關注的幾項核心要素，希望可以幫助創業項目避免在眾籌道路上走彎路。

大家都知道眾籌能給初創企業帶來資金和人脈，但是可能大部分人並不太瞭解眾籌平臺到底如何選拔項目。能夠到我們眾籌平臺籌資的大部分創業項目都是被專業的風投篩選過的，所以我們要再從中選取優秀的案子無疑是難上加難。

我們平臺從5月9日上線試運營到現在，大小不一的專案收到四、五百個，但是上線項目只有十多個，成功通過率極低。因為我們收到的專案BP（商業計畫書）很多都是大篇幅介紹專案，而忽略了其他因素。其實對於我們e

人籌平臺來說，定位是互聯網初創企業的線上「天使輪融資」，我們更看重的不是商業模式，而是商業模式之外的東西。就像如果兩個人只是談戀愛，可能你擁有華麗的外表就夠了；但是如果兩個人想要結婚，只有外表是不夠的，還需要考慮到更多因素。

1.創始人的膽商

顧名思義，只有膽大的創業者才有可能做得更大，走得更遠。當然，這個膽大不是去違法，去殺人放火。這個膽大指的是，作為創始人，你有沒有破釜沉舟、放手一搏的勇氣，有沒有無數次失敗再無數次站起來的勇氣！有膽商的創始人，任何困難都阻擋不了他前行的腳步，終會有成功的一天！

2.創業團隊

簡單說，天使階段投的就是人。首先是創始人，其次是創始團隊。現在不是單打獨鬥的年代了，俗話說一個籬笆三個樁，一個好漢三個幫。創始人能不能在創業之初、資金短缺的情況下，靠個人魅力吸引一批有能力的人一起幹非常重要。而且，最好是能力資源互補型的創業團隊。

3.股權架構

這是很多創業團隊最容易忽略的一點。股權架構的合

理性直接影響團隊後續的發展。市場上，因為股權架構不合理而陷入危機的企業比比皆是，我就不一一列舉了。在這裏，我只想強調一點：無論多少人創業，一定不要採取股份均分的方式，這會造成團隊後續遇到重大問題無人做主的尷尬局面。

4. 市場空間

我們平臺考察項目還有一個不成文的規定，就是這個行業市場空間一定要足夠大。大到在項目啟動兩年內足以容納多家同類型企業共存。這也是我們創業一路走來總結出來的經驗。

5. 商業模式

最後我們要看的，才是這個專案的商業模式在邏輯上是否成立，落地執行能否實現。不要太在意你的創意和想法是否會被投資人瞭解，要相信投資人的職業操守。另外，全世界只有你自己有這個想法，和全世界所有人都有這個想法，其實是一樣的，都無任何意義。想法只有變成實際行動、落地執行下去才有意義！

6. 試點數據（如有）

如果你在專案投放眾籌平臺時，已經有了一定量的運營數據，那麼你更容易成功募集到資金。

眾籌平臺是一個神奇的地方，它可以讓你在獲得資金的同時，還獲得用戶的關注。但是想要成功達到眾籌目標，則並非易事。

對於創業者來說，找到一個價值數百萬美元的創意僅僅是邁向成功的第一步。將創意和概念變成一個真正成功的企業，是一件非常困難的事情。如何在一天內獲得大量眾籌融資？

1.讓受眾在短時間內瞭解你的創意

在給項目起名字的時候，我們花費了大量的時間，我們試圖用簡單的兩句話讓受眾理解我們，至少要讓他們知道我們試圖解決的是什麼問題。只有這樣，他們才會繼續閱讀我們的眾籌頁面。你要仔細設計專案標題、簡介以及頁面安排。你要假裝自己只有幾秒鐘的時間，你要在這幾秒內讓受眾理解你到底是幹什麼的。

2.專案發佈之前不要藏著掖著

除非你是 Elon Musk 或者是 Richard Branson，否則你用不著擔心有人會偷走你的創意。因此不要刻意在眾籌項目發佈之前把創意像天大的秘密一樣藏起來。你身邊的好友和家人將會非常願意幫你宣傳項目，對於一個剛剛上線的項目來說，親朋好友的分享是非常重要的。

3.融資目標越低越好

經驗告訴我們，設定一個較低的融資目標會給你帶來許多好處。事實上，如果你的目標是5000美元，最終獲得了1.1萬美元，其宣傳效果要遠好於目標是1萬美元，最終獲得了1.1萬美元的項目。

4.假設自己的生產時間將會延遲

你要給自己留出充裕的時間，配送稍晚一點點，並不會影響你的融資結果。

5.提前計畫好眾籌目標調整

在項目進行到一半的時候，如果你想繼續有良好的勢頭，可以選擇調整眾籌融資目標的方式，也就是提高目標金額。例如，你原來的目標是5萬美元，在達到這個目標之後，你可以將目標調整到8萬美元。如果成功達到這個新的目標，你的支持者將會獲得額外的獎勵。這樣做的好處就是讓你的已有支持者重新開始關注你，並且鼓勵他們在朋友圈內分享你的項目，從而讓更多人看到你。

6.將「為什麼」作為賣點，而不是「是什麼」

如果你想和用戶社區建立起良好的關係，你應該向他們講述自己為何會開發這樣一個產品。如果你只是講述你

的產品是什麼,他們不會感興趣。

　　人們買的不僅僅是你的產品,還有你的故事。眾籌平臺的用戶社區想要知道你為何會放棄以前的工作,轉而開發一個全新的產品來給這個世界帶來一絲新意。這正是眾籌平臺最獨特的一個地方。

 蝌蚪眾籌:小圈子做深股權眾籌

　　在艾海青看來,針對資本市場的私募股權眾籌必須要有門檻。「眾籌平臺的大量早期專案基本都夠不上新三板融資門檻,也不在天使投資和風投的目標範圍內,專案在早期狀態下面對公眾並不現實。」

　　蝌蚪眾籌是針對早期 TMT 創業專案的股權眾籌及孵化平臺。艾海青是蝌蚪眾籌聯合創始人。

　　艾海青早年在法國巴黎證券擔任互聯網及金融行業證券分析師,後來在中國擔任招商局中國基金高級投資經理,負責成長期投資,並且成功投資過數家大資料、手機

遊戲和醫療器械企業。

2012年以來，很多天使投資人坐在一起商討未來投資的方向，他們看到國外股權眾籌網站的興起，希望股權眾籌模式在中國也能走得通。就在這樣的背景下，艾海青與劉志碩、王童等幾位天使投資人共同籌畫，於2014年6月創建蝌蚪眾籌平臺，專注做股權眾籌。

比較有趣的是，這一平臺本身就是通過眾籌的形式來完成的。如今，蝌蚪眾籌即將啟動下一輪融資，希望通過股權眾籌募集上千萬元資金，用於招聘優秀人才，豐富和完善平臺產品。

◎為數不多的堅持做股權眾籌的網站

自2014年9月第一個產品上線至今，蝌蚪眾籌平臺通過微信拉群等形式，營造了一個以天使投資人和創業者為群體的股權眾籌小圈子。蝌蚪眾籌在平臺上完成所有專案資訊的送達和展示，投資人線上明確表達認投意願，這是一個股權眾籌的閉環，所有工作都在小圈子裏完成，不對外公開。

蝌蚪眾籌有幾個原則，「我們不做線上公開項目推薦，只採用會員制形式，做熟人圈子的交流。當我們上線一個

項目，就會在這段時間內重點完成這個項目的募資。成功了再引進其他項目。」

蝌蚪眾籌是一直堅持做股權眾籌的網站之一。

「我們剛剛完成了一個百人的股權眾籌項目。在我看來，人數一定要多，才能達到真正的眾籌定義。如果人數少，就該稱為合投而非眾籌。」

一個項目從立項到完成，艾海青團隊要與投資人交流，完成所有眾籌投資方和融資方的法律文書簽署、工商變更等，還有很多線下工作需要去展開。這就是蝌蚪眾籌與其他股權眾籌機構不一樣的地方：堅持事物本身，而不是去做一些相對簡單的事情。

「很多平臺是花大力氣抓項目，而我們更多地是在推項目。」每個上線蝌蚪平臺的專案都是經過嚴格篩選的。「如果項目很難為投資人創造價值，或者風險太大，我們會將其放棄。」

艾海青說這句話有很足的底氣，因為蝌蚪眾籌平臺上聚集了很多中國知名的天使投資人，他們掌管著5至10億元的投資基金，被用於企業天使輪和PreA輪投資。所有投資人都有天使投資經驗，有些人還是成功的創業者，所以對專案的審核很有經驗，艾海青本人也是VC出身，有國際

知名投資銀行的工作經歷，他們會有機構投資的眼光去看待一個項目是否具有投資價值。

那麼，什麼樣的項目稱得上是好項目？艾海青的標準是「一個好項目要具有高增長和高回報的潛力，創業者所做的事情要與他推出的產品有連貫性，創業者有與項目相關的專業背景，還要有較強的人脈資源。」

「一些天使投資人開玩笑說要追求100倍的回報，雖然我們不追求百倍的效果，但至少在兩三年內達到10倍以上的回報。」在艾海青看來，能夠達到十倍甚至百倍回報的項目通常是移動互聯網或TMT領域的創業項目。

◎打造投資人小圈子

「我們不做購買用戶的行為，而是希望通過眾籌的每個項目去獲取新的用戶，這些用戶是與項目匹配的投資人。」這一平臺有很高的複購率，因為從一開始，蝌蚪眾籌就沒有將關注的重點放在用戶數量上面，而是更在意每個用戶的投資能力。如今，蝌蚪眾籌平臺上聚集了300餘位投資人，具有上百億元的投資能力。

現在，中國有眾多以大流量著稱的股權眾籌平臺，包括京東、阿里、36氪等。這些平臺為創業者提供項目宣發

和推廣。但是，宣發本身存在邊際效應下降的問題。

「以微信為例，微信推出第一款打飛機遊戲的時候，人人都來打飛機。後來，微信又推出了新的遊戲，用戶數量卻越來越少。很多眾籌平臺開始的幾個項目很火爆，接下去效應慢慢變弱。」

蝌蚪眾籌則不同，它將項目的評判、背書以及盡調交給領投人去做，平臺只承擔專案的初選。領投人根據自身專業判斷和在小圈子裏的號召力來完成項目眾籌。

必須要有邀請碼才能加入蝌蚪眾籌，因為它打造的是一個熟人小圈子，通過設置較高的門檻，讓有經驗有投資能力的高知人群加入蝌蚪眾籌。然後通過這些人群的口碑行銷，去獲取更多的同類用戶。

艾海青強調，資本市場分為不用層次，主機板市場、創業板、新三板和股權眾籌等。股權眾籌與其他市場相比，投資的項目處於創業早期，面臨的風險更大，要求投資人具備較高的抗風險能力。而蝌蚪眾籌的小圈子做法，正好把抗風險能力低的投資人排除在外。

蝌蚪眾籌現有的用戶至少要在平臺上產生過一次交易，或者參與過平臺專案的眾籌，使得平臺不至於產生大量的僵屍帳戶。

為何營造相對封閉的小圈子？蝌蚪眾籌有自身的考慮。

「如果資訊全面公開，企業就會比較謹慎，因為涉及商業機密，提交的資訊就會受限，投資人的決策會轉到線下去進行，如此一來，平臺存在的意義勢必減弱，而我們希望投資人線上上閱讀完商業計畫書，就能大致做出投資的決策。而線下的路演是為了邀請更多的新用戶參與項目，讓那些搖擺不定的投資人做出最後的決策。」

蝌蚪眾籌成立近一年，已實打實地完成了八個項目的股權眾籌。其中七個是在平臺上進行的。

以十三月文化股權眾籌為例，英諾天使和華創資本領投，近20位投資人跟投。眾籌的結果是企業募集到近百萬元資金，用於管道開拓、新產品研發，從而做出更適合年輕人的音樂。

所有投資人都是基於對音樂的熱愛完成的這筆股權眾籌，他們是有音樂情懷的人。「音樂版權本身有很高的價值，但變現能力較弱，最好的變現方式就是演出。如今，十三月文化已經有自己的民謠品牌——民謠在路上，還有一個跨界音樂組合品牌——新樂府。起初，投資人並沒有期待企業會有較高的回報。但是，僅僅半年時間，投資人已經收穫了不小的驚喜。有媒體報導，「十三月音樂節」巡演，途經30多個一二線城市，共計完成200餘場演出，先

後彙聚了70多個民謠藝人參加演出，累計觀眾300萬人次，「民謠在路上」也被媒體稱為「中國民謠的復興運動」。

蝌蚪眾籌完成的第一個線上項目是厚德創新穀，這並非是一個典型的資本市場投資行為，投資人關注重點不是孵化器資本增值潛力，他們得到的是一張門票。孵化器作為早期項目的一個來源，一旦有優質項目，投資人就會優先有機會去瞭解和獲取到。這個項目募集100萬元，有100人參與眾籌。

值得一提的是，這一平臺的眾籌形式多種多樣，在遊心旅行股權眾籌項目中，企業募集到500萬元，100個投資人參與其中。專案通過股權眾籌和產品眾籌兩種形式來完成。每個投資人交納5萬元來獲取股權，再交納至少7萬元來獲得中高端旅遊定制產品。如此一來，企業通過產品眾籌，將投資人也變成了它的用戶。

除此之外，蝌蚪眾籌在一個互聯網資管專案中子星科技中，募集到750萬元資金，46個投資人參與其中，廣受好評。

蝌蚪眾籌一直在不斷探索資本市場裏新的商業模式，希望通過推陳出新的股權眾籌模式，借助互聯網傳播力，解決傳統投資所解決不了的痛點。

第四章

互聯網＋眾籌
「風口」上的深度思考

顛覆傳統融資模式

　　眾籌支持多樣化的籌資意圖。從災難捐贈到圖書出版，從藝術家狂熱的粉絲支持到政治競選、籌錢創業等。有人說，眾籌可能會成為一種全新的自由融資方式。有人預計，2016年的美國大選可能會將戰場移至眾籌平臺。

　　2013年秋天，美國國會批准了一項JOBS法案，使得在獎勵式眾籌和捐贈式眾籌之後，股權眾籌自由合法化也成為現實。**社交網路打破了禁錮在人們身上的時間枷鎖，眾籌融資模式的誕生，也將打破禁錮了普通人千百年的資金枷鎖，締造出一個自由融資的新世界。**

　　目前，世界上最大的兩個互聯網眾籌平臺是Kickstarter和Indiegogo。它們讓那些企業家和發明家可在全美甚至是全球領域發掘新的想法和概念。這兩個平臺還運用了新的技術大大推動了互聯網融資的發展。

　　Indiegogo的創始人Slava Rubin在他的演講中不斷地提及：「眾籌這個概念的歷史要早於互聯網。」他最喜歡的一個例子是：世界聞名的自由女神像曾因為資金短缺問題

而無法順利地安置在紐約港口，那時的紐約市市長Grover Gleverland先生，正是用大眾集資的方法，將這個來自法國盟友的禮物豎立在了紐約港口。

1884年，著名的新聞巨頭約瑟夫・普立茲運用當時最流行的、能和大眾交流的工具——報紙，發佈了這則消息。他通過他的《世界報》發放宣傳單，鼓勵紐約市民爲自由女神像的底座捐款，以維護紐約市的榮耀。

這個大眾集資項目運行了大約6個月的時間，最終得到了12.5萬人的捐款。捐款人從小孩子到老人，從商界大佬到普通百姓，甚至是生活在社會底層的貧民，都爲這個計畫獻出了自己微薄的力量，最終籌募到100091美元，換算爲今天的市值，大約是220萬美元。

眾籌平臺能做什麼？它能募捐善款，能借貸融資且有回報。這些好處來源於它的存在模式靈活多樣。

中國的經濟經歷30多年的發展，金融市場正向高效而活躍的新時代過渡，金融模式的創新成爲發展的必然趨勢。隨著金融與互聯網交叉滲透的深入，互聯網的經濟模式已經孕育出很多具有強大競爭力的創新金融模式。例如網路金融載體的協力廠商支付、P2P、新興的融資方式眾籌等。

根據世界銀行2013年報告，預計到2025年，發展中國家眾籌將達960億美元規模，其中500億美元就在中國。在中國金融體系銀行獨大的局面中，眾籌模式可以支援小微企業直接融資，改善中國資本市場結構。

自2011年開始，中國引入眾籌模式開始，各個眾籌網站發展迅速。從最早開始興起的「點名時間」，累計7000多個眾籌項目，接近一半項目籌資成功並順利發放回報。後起之秀的「眾籌網」累計投資人超過7萬人，在演出、音樂、出版等多個領域的項目共籌得資金2100多萬元。以股權眾籌為主的「天使匯」，也已經為70多家企業完成了超過7.5億元的投資。

截至目前，已有大大小小的幾十個中文眾籌網站，在各自擅長的領域不斷挖掘探索。但就目前的眾籌運轉模式來看，中國主要還在以獎勵回饋模式為主，只有少量機構在開展股權眾籌。

不管如何，如今在民間，眾籌已被稱為「低門檻創業神器」。因為只要你登錄任何一個眾籌類網站，任何人都可以發起一個項目向社會籌資。

眾籌作為互聯網金融的主要表現形式，對傳統金融的運營模式造成了一定挑戰。其中，債權眾籌（P2P貸款）類

似於商業銀行業務，股權眾籌類似於私募股權／風險投資業務。過去4～5年，眾籌在國外均取得了很快發展，並湧現了一批領先企業。國外的監管機構也陸續出臺對眾籌的監管法律。通過互聯網，眾籌網站把資金需求方和供給方聯繫起來，越過了傳統的金融仲介。然而，眾籌仍然無法解決金融業核心的風險評估和控制問題，也很難保證籌資人提供資料的完整和真實。未來眾籌如何發展，核心還在於解決風險評估和控制問題。

「奪寶」互聯網金融

眾籌的誕生依託於互聯網的發展。互聯網通過技術，將交易雙方直接聯繫起來，極大地降低了交易成本，從而取代了傳統仲介的作用。互聯網金融也是一種金融業的去傳統仲介化。通過互聯網，資金供給方和需求方可以直接聯繫起來，從而越過了傳統的金融仲介。P2P貸款是貸款人和借款人直接對接，取代了傳統商業銀行，股權眾籌使

創業公司和投資者直接對接，取代了傳統的風險投資。

　　然而，銀行和風險投資這類金融仲介除了仲介外，還包括了風險控制和風險判斷的專業技能。這部分技能在互聯網上尚付諸闕如。如在股市上，發達國家的大多數股市投資也是通過共同基金這樣的仲介進行。沒有銀行這樣的金融仲介，互聯網金融無法保證資料收集的準確性，無法通過演算法解決風險評估和借款人的道德風險問題，未來如何發展還無法完全確定。互聯網金融想要真正取代或部分取代傳統金融仲介，核心是要解決資料收集和準確性問題，並能通過演算法，利用已知數據，完成風險評估。這是一個很大的系統工程，籌資人和投資人的各種金融資料都需要在互聯網大資料庫中有準確體現，建立歷史信用記錄，從而減少可能的金融風險和社會風險。

　　總之，互聯網的出現，對傳統商業業態均構成相當的衝擊。電商平臺對傳統零售業構成衝擊，互聯網金融也對傳統金融業態構成衝擊，其背後的根本原因在於：互聯網形態可以大大降低仲介成本，降低公眾參與成本。另一方面，互聯網業態和傳統商業業態一樣，信用體系是其生命之根。互聯網是一種非直接的、虛擬的商業空間，信用體系的作用更加重要。對互聯網金融來說，各國政府大體採

取了慎重嘗試的態度，在規模上有所控制。

很多人都說，歐巴馬總統的競選一直都是在以眾籌的形式進行的。

2008年，歐巴馬的競選集資專案：300萬線上募捐人，共捐款650萬美元。這650萬美元之中，600萬是由少於100美元的捐款累計來的；2012年，歐巴馬總統的競選捐款達到了6.9億美元，這其中包括一些大的募捐支持者，但是大部分還是來自小數目的募捐，積少成多而得。

以這種「白標」形式出現的政治競選眾籌，很有可能成為未來的發展方向。

根據世界銀行的報告，眾籌在未來的規模可以使用一個簡單的估計方法來評估。激進一點的說法是，人們可能使用個人存款的1％來投入眾籌市場，因此單就美國而言，未來可能就有3000億美元的潛在資本投入到眾籌市場中去。

根據美國的眾籌規模的分析案例，世界銀行還給出了評估眾籌規模的決定要素。比如：有能力實施眾籌的家庭數量、社交媒體使用程度、區域存款率等。從這些決定因素，我們還大致可以窺探出未來眾籌發展的機遇與規模的大小。比如，若使用1％存款額這個標準來進行評估，全球便可能存在一個超過3000億美元的眾籌市場。

目前一些大的眾籌網站已把注意力集中在比較流行的行業，並運用投資回報的模式進行運營。這些行業包括：地產行業、替代能源、硬體和科技產品領域、電影、音樂/演出、圖書出版、啤酒業、網路應用、教育網站等。

舉例說明，替代能源眾籌項目在世界各地都取得了成功。荷蘭的一家眾籌平臺Windcentrale便聲稱他們完成了一項最快和最大的可替代能源眾籌項目。去年9月，1700位荷蘭人共買下了6648股投資，在短短13小時之內完成了一個「風力渦輪機」籌建項目。在這個項目裏的每200歐元投資所產生的電量，在荷蘭可以支持一個普通家庭一年的用電。

電影業也是一個很有前景的眾籌投資產業，因為它的高回報率和口碑會帶來巨大的成功。在Kickstarter平臺上約9億美元的集資總額裏，電影和影視行業就占了1.8億多，超過了總額的20%。曾風靡一時的美劇《美眉校探（Veronica Mars）》當初就是通過眾籌平臺集資570萬美元拍攝的。2012年獲奧斯卡最佳紀錄片獎的《流浪追夢人（Inocente）》也曾在Kickstarter平臺上集資52527美元。

綜合上述，世界銀行通過計算已預計：到2025年，眾籌在發展中國家存在一個每年有960億美元的潛在市場，

且半數資本市場都將聚集在中國。傳統的股權融資經常遭遇兩個方面的問題：資訊不對稱與融資管道單一。前者使得投融雙方需要承擔非常高的隱性成本才能達成合作；後者使得中小企業非常難以找到投資方，甚至在吸引到資金前已經夭折。

以前，創業者擁有商業思路之後，其商業計畫和融資需求只能在行業內的天使投資人和風險投資等圈子裏小範圍傳播。這種單向資訊傳播方式導致的結果是許多創業者因為無法完整地傳達自己的理念而得不到投資；那些熟悉風險資金運作方式的人憑藉投其所好的平庸商業計畫反而能獲得投資人的青睞。

眾籌平臺的出現使得資訊展現與傳遞不再是制約性問題，任何登錄眾籌平臺的人都可以看到項目發起人的創意展示。通過幾無限制的資訊展示與交流，好計畫很容易取得志同道合者的歡迎，啓動長尾市場投資者的投資意願，並吸引對項目有興趣的專業投資人參與。

另一方面，眾籌平臺改變了創業者面臨的融資管道單一局面。早期創業項目融資難是一個世界範圍內廣泛存在的難題，資金供應囿於有限的投資機構和專業投資人，創業者只能紮堆爭奪少數投資人的有限資金，不得不把大量

時間花費在拜訪投資人、推銷商業計畫上，導致高昂的融資成本。

通過股權眾籌平臺，初創企業的融資管道面向公眾開放，資金供應者從少數專業投資人和投資機構轉變為大量普通公眾。在克服了地理、距離、資訊傳遞等物理限制之後，每個普通人都可以基於情感支持或商業眼光，參與創業投資。眾籌模式開創了人人皆可成為投資人的新模式，投資門檻遠遠低於傳統投資模式，例如股權眾籌網站Funderable甚至把允許的最低投資額降到象徵性的1美元。

因此，股權眾籌不僅有利於融資人，也為普通人帶來了接觸初創企業和進行相關投資的機會。由於互聯網的聚集效應，有吸引力的創業者可在短時間內獲得大量投資者的小額投資——儘管單筆金額都很小，但是總額可能相當可觀，足以滿足創業者的資金需求。在此過程中，創業者和投資人各取所需，以群體協作的方式，實現了社會化企業的構建。

股權眾籌對傳統融資方式的改變，折射出互聯網金融發展的重要特點，那就是交易仲介的扁平化，盡可能地將仲介的需要壓縮到最小以逼近直接交易，但並非徹底的去仲介化。科斯在論述企業性質時，對市場定價的成本和企

業組織的成本（從廣義上說，就是直接交易成本和內部仲介成本）做了深刻的論述：「在資訊不完備的條件下，受主客觀的影響，欲使交易符合雙方當事人的利益，交易合同就會變得十分複雜，為追求一個完備合同，勢必增加相應的費用，於是由於市場合同的高費用而使一些交易採取企業內部交易的方式」。

市場和企業是資源配置的兩種可相互替代的手段，二者的區別在於：市場上的資源配置通過非人格化的價格機制來實現，企業內的資源配置則通過權威關係來完成。選擇哪種資源配置方式，依賴於市場定價成本和企業組織成本之間的平衡關係。但是市場不可能出清，總會存在各種摩擦產生交易成本，因此，即使點對點交易依然需要仲介。從這個角度，眾籌模式的優點在於通過打造公共平臺降低了交易的仲介成本，在此基礎之上，再讓價格體制發生作用（表現為企業出讓的股價與籌資額），從而降低達到一個「完備合同」所需要的成本。

推進「普惠金融」，實現金融創新

　　根據世界銀行2012年的統計資料，全球有27億成年人得不到任何正規的金融服務。受到各方面因素的影響，有超過一半的成年人被排斥在正規金融服務門檻之外。普惠金融的發展能幫助更多的人享受到金融服務，而在中國，互聯網金融的飛速發展也為普惠金融的發展提供了解決方案。

　　普惠金融體系是指一整套全方位為社會全體人員，尤其是為金融弱勢群體提供金融服務的思路、方案和保障措施等。普惠金融體系這一概念由聯合國在2005年正式提出，世界銀行將普惠金融定義為：「在一個國家或地區，所有處於工作年齡的人都有權使用一整套價格合理、形式方便的優質金融服務。」

　　普惠金融作為包容性金融，其核心是有效、全方位地為社會所有階層和群體提供金融服務，使所有人都能得到平等享受金融服務的權利，而包括P2P網貸、協力廠商支付在內的互聯網金融由於其覆蓋廣、成本低、可獲得性強

等特點，成為實現普惠金融的最佳路徑選擇。

✎ 推動普惠金融發展

　　無論從價值理念還是實現路徑上，互聯網金融都是推動普惠金融發展的最佳選擇。互聯網金融作為普惠金融的最佳選擇，源於以下幾個特徵：

　　第一，互聯網金融的低成本、可持續特徵使其成為普惠金融的最佳選擇。低成本可能是互聯網金融最直接顯著的特徵，其交易成本大約只有傳統銀行的20％。因此，互聯網金融可以使得在傳統金融環境下無法盈利的普惠金融業務得以盈利，實現商業的可持續發展。

　　第二，互聯網金融的平臺經濟、規模經濟特徵有利於發展普惠金融。互聯網金融不僅有效降低成本，而且提升了資金配置效率和金融服務品質。互聯網金融提高了金融服務的個性化金融需求，大幅度提升了資金的配置效率和金融服務品質。這種規模經濟、平臺經濟的特點決定了互聯網金融這種商業模式可以吸引更多的投資者，進一步助推普惠金融的發展。

第三，互聯網金融提高了普惠金融的可獲得性。互聯
網金融的突出特點是便捷和廣覆蓋，可以有效地提高服
務品質。包括協力廠商支付、移動支付等在內的互聯網金
融，不僅能滿足所有人群的金融需求，而且直接縮小了城
鄉差別。

　　第四，互聯網金融可提供便捷全面和個性化的金融服
務，有助於促進金融產品創新，滿足客戶的多樣化需求，
有效降低金融風險。以大資料和雲計算技術為主要特徵的
互聯網金融，能夠迅速地動態瞭解客戶的多樣化需求，同
時有助於互聯網金融機構推出個性化金融產品。

　　第五，以大資料、雲計算為技術特徵的互聯網金融是
實現普惠金融的最佳選擇。通過大資料雲計算技術，互聯
網金融可以對客戶的資信狀況做到可記錄、可追溯、可驗
證，能夠卓有成效地說明傳統金融改善資訊不對稱現象，
利用大資料來加快徵信體系建設，進而提升金融風險防範
和控制能力。

　　在中國，互聯網金融實現普惠金融的實現路徑如下：

　　首先，互聯網金融支持普惠金融發展的探索。互聯網金融為推動普惠金融發展及鼓勵金融創新提供了最佳的路徑選擇，在信貸（P2P網貸）、支付結算（**協力廠商支付、移動支付**）、投融資（**互聯網基金、互聯網證券、互聯網保險等**）、徵信體系建設（**大資料金融**）、風險管理與防範（**大資料、雲計算應用**）等多個領域推動普惠金融的實現。

　　其次，互聯網金融是發展普惠金融、彌補傳統金融服務不足的重要路徑選擇。互聯網金融的市場定位主要是在小微層面，本身就具備處理「海量交易筆數，小微單筆金額」的技術優勢和金融優勢，而這種小額、快捷、便利的特徵，正是普惠金融的要求和特點，也正符合金融促進包容性增長的主要功能。

　　再次，互聯網金融可激勵民間力量，引導民間金融陽光化和規範化，實現普惠金融。

　　中國民間借貸資本數額龐大，長期缺乏高效合理的投資管道，游離於正規金融監管體系之外。通過規範發展包括P2P網貸、眾籌融資等在內的互聯網金融，可以有效引導民間資本投資於國家鼓勵的領域，甚至是普惠金融項目，遏制高利貸，盤活民間資金存量，使民間資本更好地服務實體經濟。

最後，互聯網金融可以有效滿足消費需求，擴大內需促進普惠金融發展。

2013年國務院發佈《關於促進資訊消費擴大內需的若干意見》，提出到2015年電商超18萬億元，網路零售破3萬億元。包括協力廠商支付、移動支付在內的互聯網金融，可以滿足電子商務對支付方便、快捷、安全性的要求；反過來，電商所需的創業融資、周轉融資需求和消費融資需求，也促進了網路小貸、眾籌融資、P2P網貸等互聯網金融業態的發展。

實際上，股權眾籌就是一種新興的網路融資方式。簡單來說，股權眾籌就是指公司出讓一定比例的股權，面向普通投資者，投資者通過出資入股公司，從而獲得未來收益。

在此前的全球眾籌峰會上，眾籌網CEO孫宏生曾預測，股權眾籌符合「普惠金融」理念，它直接填補了市場上的融資缺口，降低了很多創業企業融資的門檻和難度，將帶來互聯網金融重大的變革。

原始會負責人陶燁也認為，簡單便捷的管道是促使「普惠金融」實現的先決條件之一，借助互聯網的先天優勢，股權眾籌可以讓更多人參與到金融活動中來。她表

示，目前中國存在大量的小微天使，股權眾籌平臺的作用恰恰在於能夠很好的聚集這些小微天使，爲創業企業和中小微企業提供快速便捷的融資管道，促進中國實體經濟的發展。

對於中小微企業來說，融資難題一直未能得到有效緩解。有調查顯示，2013年，19.4%的小微企業表示融資需求沒有得到滿足；在有貸款的企業中，有48.9%的企業表示融資成本上升；銀行是小微企業獲得融資的主管道。這在很大程度上阻礙了中國實體經濟的發展。

「股權眾籌的核心目的就是爲了說明中小微企業快速籌集到所需資金，並幫助投資人提高投資效率，降低參與門檻。」陶燁表示，「股權眾籌具有門檻低，覆蓋廣，高效率等特點，能幫助小微和初創企業有效解決資金需求，扶持實體經濟的崛起和成長，而這，也是原始會踐行『普惠金融』的關鍵表現。」

資料顯示，目前原始會已經彙集了500多個註冊用戶，300多位個人投資人，接近100家的機構投資人，上線的創業專案超過了60多個，融資額達到了1億多元。

業內專家指出，鑒於互聯網快速、便捷、共用、高效等特點，未來利用互聯網思維開展「普惠金融」建設將是

大勢所趨。

　　股權眾籌是一個具有良好政策預期的互聯網金融創新形式，對於解決中小微企業的融資難題有很大幫助，隨著政策的逐步陽光化，股權眾籌將在實體經濟中發揮其更大的作用。

✎ 金融創新的必然趨勢

　　2003年，泡沫破碎後的互聯網行業重新爆發出新的活力，呈現強勁的增長態勢。隨著金融與互聯網交叉滲透的深入，互聯網的經濟模式已經孕育出很多具有競爭力的創新金融模式。

　　目前，隨著中小微企業及創業者的資金需求逐步增多，傳統銀行體系並不能予以完全滿足，第三次互聯網科技革命浪潮的發展帶來了一系列重大技術改變，社會組織結構和行為都隨之發生深刻變革，這給創新型的金融手段提供了歷史性的發展機遇。

　　例如網路金融載體的協力廠商支付、P2P、眾籌等。其中，眾籌模式在國外都屬於新興領域，發展前景更值得期待。

　　眾籌作為新型的金融模式，以其獨有的魅力受到了更

多普通人的追捧，為新的創意、事件、活動提供了更廣泛的融資來源，也為天使投資人、VC、PE們提供了更加準確的參考源。

眾籌改善資本市場結構

根據Massolution資料顯示，全球眾籌融資產業規模從2009年的36.1億美元飆升至2012年的173億美元，3年增長380%。根據《福布斯》的資料，截至2013年二季度，全球範圍內的眾籌融資網站已經達到1500多家。

眾籌利用了以公眾為基礎的決策和創新優勢，把資金用於項目或商業投資。

利用社交網路、網路通信的病毒性質，在過去的5年間，個人及公司以證券、股票和捐獻的方式為各專案籌集了數十億的資金。艾瑞統計預測模型核算，預計在2016年全球眾籌交易額能達到1989.6億美元。

除了在發達國家的良好發展勢頭，發展中國家將是未來眾籌的發力板塊。

據世界銀行2013年報告，預計到2025年，發展中國家眾籌將達960億美元規模，其中500億在中國；在中國金融體系銀行獨大的局面中，眾籌模式可以支援小微企業直接

融資，改善中國資本市場結構。

自2011年中國引入眾籌模式開始，各個眾籌網站發展迅速。目前眾籌網累計投資人數超過13萬人，在智慧硬體、娛樂、公益等多個領域的項目籌集資金超過5000萬元。

✎ 中國眾籌面對三大挑戰

首先，是**市場的敏銳度和多種行業經驗要求**。

在市場不成熟、支持方的辨識能力尚不充分的階段，平臺需要具備對不同領域專案的篩查、市場敏感度測試。

比如開展科技眾籌，需要對新發明的捕捉；娛樂眾籌，離不開大量的文藝界資源及推動；金融眾籌，需要大量對金融產品的運作知識以及對法律法規的把握等等。平臺方既要保證平臺項目的吸引力，又要使得項目本身具備眾籌價值和一定市場認可度。

第二，是**對專案方的風險控制**。

作為平臺方需要不斷對平臺系統進行優化，對眾籌的專案發起人進行嚴格的審核，儘量確保發起人資訊的真實性。另外一方面，專案執行的管理也是挑戰，專案發起方

如何保質保量按時地完成支持方權益均是一個不斷完善和摸索的過程。

第三，**承擔更大的行業推動責任。**

中國的眾籌模式還處於稚嫩階段，一方面需要保護行業的發展，鼓勵多樣化的眾籌經營；另外一方面需要眾籌平臺方不斷培育市場，帶到更多人接受和認同這種新理念，同時不斷推進專案方、支持方的眾籌意識培育。

儘管挑戰重重，但作為新型金融模式，眾籌的發展方式和理念與國民進步、經濟環境進步、法律法規進步的步調一致。不斷提升的國民素質、日趨完善的金融市場體系、社會對創新的包容和提高，都為眾籌模式的發展提供了強大的宏觀環境支撐。

眾籌模式的完善，行業的進步，則需要行業中每一個主體——項目方、支持方、平臺方共同努力。雖然發展的道路有些曲折，但前景很光明。

又一個風口——互聯網＋眾籌

互聯網眾籌模式的誕生與發展有著深刻的經濟、文化根源，是實體經濟變革與金融服務變革共同的結果，並反過來促進二者的深化。

如同17世紀荷蘭航海業和商品貿易的發展促成東印度公司發行了世界上最早的股票；19世紀美國鐵路建設和工業化的進程推動了美國股票市場的飛速發展，每種現代金融制度的誕生，都根源於當時社會經濟變革的需求，是時代的產物。

互聯網眾籌則是互聯網時代的產物，當代商品的生產已經從追求數量轉為追求品質，這種品質不僅意味著品質，更意味著符合消費者個性和品味的與眾不同。

以美國為代表的發達國家步入富饒經濟階段，飛速提高的生產力使得產品的生產成本急劇降低，蘊含於產品中的「創意」轉而成為使用者的熱情追逐對象和產品的核心增值點。

創意與個性正在替代品質與流行，形成商品生產者與

消費者的新訴求。

這種新訴求，從某種程度上更適合小型、零散的創意與設計企業，而非組織龐大、層階分明的大型傳統製造企業。

與此相對應，「大規模融資＋高仲介成本」已經被證明只適合於資金密集型和成熟型企業，無法滿足「人人創業、人人籌款」的新時代需求。

即使是較爲現代的風險投資、天使投資對此需求的反應都稍顯遲鈍，市場需要更加直接、社會化、迅速的融資方式。

互聯網則爲這一新型融資需求提供了物質、技術與管道支撐。

首先，通過網路平臺，生產者能夠直接展示自己的創意，消費者可以直接向生產者預購創意產品，實現投融資雙方的直接對接。

其次，利用社會化媒體和社交網路，生產者可以接觸大量的潛在購買者，購買者也可以選擇合適的生產者，實現社會化融資。

第三，由於投融資雙方可以通過網路直接對接，並通過網路支付管道直接付款，融資週期大大縮短。互聯網眾

籌模式正是利用互聯網平臺的上述優勢,同時滿足了直接、社會化和迅速這三個融資要求。

因此,在創意與科技驅動的生產模式之下,現有的融資模式跟不上時代要求,是互聯網眾籌誕生的前提,互聯網使得新興的眾籌模式落地,可以有效開展新型融資業務。與此同時,促進互聯網眾籌快速發展的現實條件有:

1. 生產力工具的快速發展

以雲計算、3D列印、開源平臺、數碼產品等代表的高效生產力工具,正使得創業成為人人皆可參與的活動。

傑夫·豪在著名的《眾包:大眾力量如何推動商業未來》一書中寫到「工具的革命,是生產力的革命。工具民主化,引起生產的民主化,銷售的民主化」。

互聯網和低成本(甚至免費的)生產工具,讓消費者擁有了過去大公司方能擁有的產品設計與生產能力。生產力工具的普及化,也極大地激發了普通人的創造性和生產潛力。

便宜的雲計算資源賦予個人參與大規模、技術密集型工作的能力;3D列印技術為每個普通人提供一座小型工廠;開源平臺甚至提供了免費的軟、硬體解決方案;數碼

產品使人人都能輕鬆進行影像創作。

在種種便宜、易獲得的生產力工具支持之下，普通創業者與大公司的硬體能力差距（**尤其是在研製與試製階段**）已經大大縮小，二者真正比拚的是創意與智慧，在這方面大企業未必一直具有壓倒個人的優勢。

這意味著商品的設計與生產已不再僅僅是大企業的特權，每個人都擁有自由發揮的空間，相應地，每個人都有創業的可能。

2.互聯網大大降低了交易成本

近年來獲得成功的中小企業，尤其是科技企業，往往具有「輕企業」的特點。

他們都依靠現代科技大大降低了行業進入門檻和生產所需成本，既不屬於依賴密集的資金，又不依賴密集的勞動力，從而保持輕量化的姿態，並與用戶保持緊密聯繫。

這種模式能夠獲得成功，很大程度上歸功於被互聯網降低的交易與溝通成本。

輕企業需要頻繁地與上下游交易，需要在整個行業調動資源。如果這些活動不通過互聯網進行，其成本將急劇上升，從而無法支撐核心商業模式。

反過來，善於利用互聯網的技術、管道與思維正是這些企業的成功之道，也爲它們挑戰行業霸主帶來了可能性。

大量依靠眾籌模式獲得第一桶金的企業都是輕企業，同樣分享了互聯網紅利。

3.創業氛圍是促進眾籌發展的重要因素

如果探究爲什麼眾籌最早在美國實現商業化和規模化，可以發現其中一個重要原因是美國有著非常良好的創業環境和創業傳統。得益於「科技崇拜」和「創業崇拜」，早期的蘋果、微軟和戴爾，近期的Facebook、SpaceX和特斯拉汽車都是傳奇性的創業案例。

這些創業成功者名利雙收，回頭也願意投資於初創企業，鼓勵年輕一代的創新與創業，傳承著良好的創業傳統。

在中國，鼓勵創業的氛圍也逐漸濃厚起來，大量孵化器、創業園區、創業基金的成立，不僅改變了創業的硬性條件，也逐漸提高了公眾對創業者的支持程度，使得創業不再是令人談虎色變的禁區，而成爲年輕人的積極追求。

4. 用戶習慣帶動投資熱情

互聯網正在深度融入人們的生活，這一趨勢無法逆轉、無可阻擋。

普通人使用互聯網的技能大大提高，對各種互聯網產業的接受程度也大大提高。

在P2P借貸、網路理財等互聯網金融熱潮激發大眾的投資熱情之後，人們逐漸消除了使用互聯網進行金融投資的疑慮，對互聯網與現代金融的理解水準有了很大的提高，開始培養出網路投資的習慣，風險防範意識與風險承受能力相對增強。

如果對比五年前公眾的互聯網使用能力，其差別不言自明。

眾籌的發展同樣受益於互聯網金融浪潮給予大眾的宣傳與教育，受益於使用者日益深化的網路使用習慣。相比P2P借貸和線上理財，眾籌更貼近人們的日常生活，可獲得投資與實物的雙重滿足，因而有望成為互聯網金融的下一個爆發點。

即使暫時的發展速度低於預期，隨著深度上網人群的日益增加，它的廣闊發展前情仍值得期待。

5.法律制度與時俱進

實體經濟的健康發展是設計整體金融制度的依據,具體的經濟需求催生具體的金融制度與組織形式。美國的JOBS法案創造了一個新的金融形態「集資門戶」,就是為了適應如今越來越向社會化傾斜的融資方式,滿足新經濟形態下的投融資需要。眾籌平臺是目前「集資門戶」的唯一的形式,也是一種直接面對大量創業融資需求的金融形式。

「微籌」和「雲籌」的遐想

自由與平等是人類的永恆追求,這一追求表現在人類生活的方方面面。

而在傳統的生產與消費模式中,生產者與消費者的關係割裂,二者可以通過市場博弈獲得「合理」的價格,但在資訊不對稱和能力不均衡的情況下,二者的地位並不平等。

其突出表現為：消費者只有有限選擇權，他並不能真正決定商品的設計與生產。

眾籌模式重新界定了生產者與消費者的關係，它第一次使得消費者能以極低的成本介入商品的前期設計與生產，在一定程度上拉近了商品生產者與消費者之間的距離，促進二者的交互。

如果未來越來越多的商品以眾籌模式生產，消費者自由定制，生產者按需生產，許多人的個性化需求將會在緊密交互中得到充分滿足。

從這個角度來看，眾籌模式處於自由、平等新商品契約的萌芽階段。其指向意義深遠，這也正是人們認為眾籌模式將深刻改變社會生產的依據所在。

綜上所述，互聯網眾籌不僅僅是傳統眾籌的互聯網翻版，更不是部分創業者的異想天開，它具有堅實的技術、文化與思想基礎，更在經濟轉型和生產模式變革的帶動下，展現出廣闊的發展前景。

它的縱深發展，很可能重新塑造人們對於互聯網經濟和互聯網金融的認識，這場變革已經啟動，未來之路值得期待。

對於未來眾籌的發展方向，也結合目前的趨勢和技

術，我們可以對眾籌的未來提出思考。

目前，移動端佔據了很大一個比重，最為突出的就是微博和微信。根據這個態勢，我們就可以慢慢看出雲籌和微籌的趨勢，而且已經有人開始了相關嘗試。

「微籌」顧名思義就是以微小的份額發起眾籌，這種微小可以是1元錢，甚至還可以更少。

不過按照支持額來看，我們可以把500元以下的眾籌都能納入微籌的範圍，這一類的眾籌是非投資性的，大多是消費性質的眾籌。

除了份額微小以外，我們還可以將眾籌與微信聯繫起來。無論外界對微信的看法如何，但不可否認的是微信已經深入並影響人們的生活。

在這個前提下，已經有越來越多的行業接入到微信的這個擁有6億用戶的大市場中來。特別是打通支付環節以後，這種結合能夠創造出巨大的商業機會。

「雲籌」其主要是將雲技術、大資料與眾籌結合。所謂的雲理念，就是將「回合、統籌、釋放」，或者說是「資源聚合，隨需服務」的理念。

與其他眾籌相比，雲籌的根本是立足於雲端的大資料和隨時隨地與雲端連結。

當然，「雲籌」作爲基於雲技術和大資料的眾籌創新模式，除了作爲一個投資交易平臺、創業服務平臺，從資料安全的角度來看，還需要雲資料隱私、雲資料安全性以及雲端資金有效協同等方面給出確切的保障方案。

眾籌的魅力，很大程度上是在於可以集合組織起大眾來參與的機制和系統。

這裏的「微籌」和「雲籌」都是對於未來眾籌模式的一種探索和遐想，最終二者會給我們帶來怎樣的驚喜，以及未來會如何發展，我們也將拭目以待。

任重道遠的互聯網眾籌

在零壹財經攜手長江商學院在深圳舉辦的主題爲「股權眾籌的發展趨勢和商業猜想」。

活動中，零壹財經研究總監李耀東、前海股權交易中心研究所所長孫菲菲、深圳互聯網金融協會籌備組負責人曾光、天使客創始人曹強和大家投投資總監雷紅暉，

分享了他們對股權眾籌的真知灼見。

✎ 零壹財經研究總監李耀東：小額豁免監管思路值得借鑒

從人均投資額上可以看出，在股權眾籌領域存在兩種趨勢或者兩種思路，一種思路是偏小額的，像每人2.38萬的；另外一類是每人40.68萬的，相對來說額度就很大了。股權眾籌因為投資的是初創企業，風險很高，可能很難確保我的錢什麼時候有回報，能不能收回。

股權投資行業或者股權投資本身就是高風險的事情，隨著互聯網眾籌的出現，股權投資的事情向整個社會開放，而且又產生了小額的投資人之後，會對我們的監管產生很多影響。

對於高風險的行業，各國政府從監管上普遍希望對投資人做點保護。最典型的一個原則就是非公眾化原則，高風險的事情在小群體裏面非公開的做是可以的，但是不要對社會大眾，不要讓沒有風險鑒別能力或者風險承受能力的人都來加入。非公眾化的思路最後體現出來一個形式就是投資人適當性制度，給投資人設定很多門檻。

這樣一來，它和前面看到的人均投資2萬多的投資行為就產生了衝突。每個人只投2萬多，從哪個角度都不像

高淨值人群。這時候對於風險怎麼辦？可能有些人會堅持合格投資人制度，讓一般的低淨值或者成長型的人群不玩這個東西，不要搞眾籌。這個思路引起很多爭議，因為股權眾籌在互聯網的時代給了很多人投資的機會，讓一些普通人能參與一些創新的企業，參與它們的成長的機會。

如果你把這條路堵死了，就抹殺了互聯網帶來的公平性或者自由。美國對於股權眾籌的監管，體現在 JOBS 法案，裏面最核心的思路就是小額豁免。你投資額度很小，假如說每年不超過 2000 美元，就可以進行股權眾籌。以前的時候，投資是劃了門檻，你在門檻之上可以做；現在劃了另外一個門檻，這個門檻是天花板，在天花板下可以做。這是監管上非常有突破性的思路。

股權眾籌，我認為它是非常有前途的事業。但是整體來看，也還存在監管的困難和監督的困難，尤其監督的困難需要從流程管理、股權設計和退出機制這些方面來進行更多的考慮。

✎ 前海股權交易中心研究所所長孫菲菲：政策是影響眾籌火不火最重要的原因

我想從多層次市場的角度來解讀眾籌。

資本市場有兩個比較明顯的特點，一是期限相對比較長，二是風險在各種市場來比較是相對比較高的。多層次資本市場在中國的解讀，就是它多層次多在哪裏？為什麼需要多層次資本市場？

從兩端來說，企業成長階段、規模、盈利能力、風險都不一樣，它們需要錢的數量和還錢的可能性都不一樣。從投資人的角度，今天在座的平均年齡30歲，可能大家有一定的錢，希望比較高的收益；對一群60歲比較有錢的人講，他們可能期望保本相對有一點增值就好，乃至只要抵抗通脹就好，並且投資人的專業能力是不一樣的。如何匹配兩端，全世界都是一樣，就是構建多層次資本市場，滿足不同人對於股權投資的或者金融產品的需要。

什麼叫多層次？

我更願意從風險的角度進行多層次劃分。其實多層次資本市場無非是說投資人的風險特徵不一樣，不同階段、不同盈利能力所處的行業都代表不同的風險特徵。有的投資人想穩定、有的人想高收益，風險偏好不同。

無論美國的JOBS法案是否還有缺陷，它出臺以後，讓美國的眾籌市場步入更快的發展階段，政策是影響眾籌火不火最重要的原因。另一方面，如果一個社會老齡人特別多，創新力量在人群中的比例就沒有那麼高，創新的土壤

也不夠。這是我對眾籌市場理解的兩大基本因素，最大的因素是政策，接下來就是創新的土壤。

有些股權交易中心已經開展眾籌業務，比如浙江做了一個浙裏投模式，廣州也有做。如果我們想做的話，可能想做眾籌的服務體系，比如說徵求意見稿裏面有些監管的職能，說同一個企業不能在兩個平臺上募資，誰去監管它不能在兩個平臺上募資呢？我們是不是可以做行業協會做一下這個事情。眾籌項目募集成功以後，投資人突然要用這筆錢了，可不可以二手轉讓？我們希望能夠為深圳眾籌行業做更多的事情。

深圳互聯網金融協會籌備組負責人曾光：股權眾籌投資者教育任重道遠

怎麼定義眾籌？證監會定義為網路上的小額資金的彙集，線下的不算眾籌。未來眾籌的發展趨勢是網上私募性質的、小眾的、小額的。證監會還是參照了JOBS法案的要點。

在監管這塊，一定要求融資方真實，平臺對融資方必須進行審核，如果融資方是假的，你這個平臺是要負責的，而且這個平臺收集的資金要按約定的路徑來使用，像銀行一樣，必須要按照用途來使用，否則要承擔責任，還

要披露相關的資訊。

對投資者也有限制，你在眾籌平臺上投資的話，必須保證你的身分真實，還要保證資金來源合法，還必須自己承擔投資的風險，投資者在12個月內對單一融資方的投資上限不能超過1.5萬或者3萬，現在還沒有確定。

在現在監管的態勢下，我們該不該做眾籌平臺？如果要做的話，怎麼做這個平臺？這是我自己的幾點看法，不一定對，給大家分享一下。

很多政策限制了我們股權眾籌投資者人數，因為我要求投資者又要財產達到多少，又要怎麼樣，諸多限制，把投資者給限制小了，使其規模難以做大，兩頭小，融資項目小，投資金額也小，迫使眾籌平臺往高端和小眾化發展，我以後只做會員客戶，是會員推送資訊，不是會員和我關係不大。

眾籌平臺怎麼盈利？現在中國很多眾籌平臺的盈利方式是傭金，比如融資100萬提3%、5%，就3、5萬，這很難覆蓋眾籌平臺成本。怎麼盈利呢？我覺得還是要後端的投資，就是業績報酬來進行盈利。比如平臺上的股權項目，通過投資基金來進行投資，從後端獲取收益，前端傭金是很難的。此外還包括增值服務，類似於工商註冊這樣的東西，使得企業專心於自己產品的發展。

眾籌非常有前景，非常有潛力，但是投資者教育的過程任重道遠。中國的投資者還沒有達到把自己的一部分工資收入拿來眾籌，因為眾籌是風險很高的行業，可能血本無歸，也可能漲1000倍。投資者教育完成之後，眾籌市場才能很大的爆發，現在更多的是小眾。

眾籌平臺將向垂直化和專業化方向發展，因為眾籌要承擔本身項目的盡職調查和審核，對行業不熟悉，請問你怎麼審核項目？審核不了就承擔不了對投資者負責的態度。投資者投資失敗要追究你勤勉盡責的職責，未來發展方向肯定是垂直化。O2O我非常熟悉，那麼我就投O2O。

最後，線下眾籌、現場眾籌會成為線上眾籌的必要補充，人不熟悉還是很難把錢託付給你，線下不一樣，大家很熟，經過幾次約會和沙龍之後，可能人家會真正掏錢出來。

🖉 天使客創始人曹強：股權眾籌的發展條件正在形成

我們的平臺整個股權投資行業其實都沒有多少家，都比較小。目前來看，監管條件比較嚴，比如說投資人的認證、對企業的盡職調查，我們這些平臺基本上人數都比較少，規模都比較小，不像券商有足夠的資本金做認證，而且我們的平臺就在這都比較少，規模都比較小，不像券商有足夠的資本金做認證，而且我們的平臺就在這裏，投資

人來自四面八方，如果要對真實性做太多的認證，要全國跑，會給我們帶來很大的工作量。

這種監管下來以後，我覺得小的創業公司沒有什麼機會，只有大的金融集團或者大的 BAT 公司才有資本達到監管的要求。我們也會向監管部門提意見，希望政策達到一定程度的時候再做具體的監管。

股權眾籌風險是非常大的。很多投資人打電話到我們平臺，你們有沒有擔保、有沒有回購。實際上我們投資人中間很大一部分是 P2P 平臺過來的，他們奔著高收益過來的，所以就問有沒有擔保。我說沒有，這是非常大的事情，實際上證監會的規定也是為了保護這些人。我們中國的投資人還沒有充分認識到這個產品是怎麼回事，沒有認識到其中的風險，這確實是一個難點。

我的理解是，股權眾籌的發展條件正在形成：資訊溝通非常便捷，通過社交網路，很容易找到上市公司的問題；社會誠信體系在逐步建立，搜索網路在逐步改善；投資消費觀念在改變，我們只有通過股權投資才能分享經濟的增長。

但是，股權眾籌的投資風險非常高，不是一般的小投資者可以玩的，剛才監管的方向我覺得是有道理的，把投資門檻拉高一下，放到一兩萬元不適合。我們目前的投資

者還沒有這個風險識別的能力。很多是P2P過來的，以為你有擔保，一問就是你們這裏有多大的收益率，這確實是我們投資者的心態沒有變過來。

最後，還需要注意道德風險。

我們昨天還碰到一個項目，是很有創意的項目，就三個人在農民房裏，跑到我們眾籌，我挺看好，但是看他們的條件就很害怕，他們家裏也沒什麼錢，現在也沒什麼錢。他要眾籌一百萬，我說也可以，你眾籌一百萬，但是你轉帳第二天跑了，我也不知道上哪兒找你。雖然一開始沒有這個想法，但是人的心態很容易發生變化，一開始沒錢的時候做得很好，突然給你100萬，你心態就發生變化。這是非常大的道德風險。

✎ 大家投投資總監雷紅暉：股權眾籌的五個典型問題與應對

股權眾籌2012年、2013年發展比較緩慢，2014年是爆發期，這受到兩個方面因素的促進：一是P2P借貸，前幾年市場教育可能到了一定程度；二是互聯網和移動互聯網的促進。

為什麼股權眾籌能存在呢？而且還有這麼多人非常感

興趣呢？一是創業項目是百萬級的，能夠被高大上的PE/VC機構看好的很少。另一方面，中產投資人群也是非常廣大的，他們有投資能力、有創業情懷，希望能參與早期的投資。股權眾籌平臺就是服務他們這兩群人，我們主要還是做天使和早期VC專案，受資金規模的限制。

股權眾籌的本質還是股權融資，還有一個特點是股權投資，這兩個東西結合在一起。適合的領域是早期VC的項目，當然它有自己的獨特創新就是互聯網化，它的思維、組織方式、技術方面，這是它的創新。

股權眾籌平臺服務費這麼低，未來是什麼呢？

我們主要是從兩個方面理解：

一是定義能夠提供有價值的服務，能夠解決實際問題。

二是自己的模式要做創新。大家投的定位就是互聯網天使股權投融資的平臺，不僅是融資平臺，而且是投資和融資結合的平臺。這種模式應該是線上的融資服務商和線上投資管理公司兩種角色的複合。

股權眾籌面臨五個典型問題：

一是領投人因為是兼職的方式，可能存在著時間、精力、意識上投入不夠的問題。

二是項目估值虛高。

三是投後管理不暢。

四是無法防範聯合詐騙的風險。

五是退出管道不完善。

面對上述問題，我們的對策：

一是我們項目的估值是採取市場競價，完全市場化，由投資人報價，他的價格以最低價格為項目的估值最終的價格。

二是領投人和跟投人的利益捆綁，我們採取的方式是給領投人送激勵股的方式，把他的利益放到合夥企業，只有跟投人賺錢，領頭人才能分享投資收益。

三是投後管理和服務，大家投的投資經理來協助合夥人來進行規範，包括資訊披露，每個季度要求這個專案披露一次資訊。

四是投資人的退出機制，我們會引入機構投資人，下一輪投資人會提前介入。

五是風險補償金，主要是防範詐騙風險，風險補償金

的來源有兩塊：誠意金的制度；每個專案退出的時候會把
2% 的投資收益撥到風險補償基金。

第五章

未來10年
——網路眾籌的無限暢想

前景：人人是天使投資人？

在互聯網金融快速發展的浪潮下，眾籌模式也得到了越來越多的人的認可，與此同時，其自身的平臺價值和其發展潛力也不斷地受到資本市場的追捧。

近日，美國知名眾籌平臺Indiegogo成功獲得包括KPCB在內的幾大投資方高達4000萬美元的B輪融資，這對於在過去兩年獲得高速增長的眾籌行業而言是巨大的肯定，同時Indiegogo的成功也給眾籌網等中國一批「從師者」們帶來一定的啓示。

✎ 眾籌——互聯網金融的「神奇小子」

「站在風口，豬都能飛。」當互聯網大佬拋出這句話的時候，一定不會想到，僅僅不到一年的時間，互聯網金融在中國就取得了飛速的發展，餘額寶、百付寶等各種金融產品開始爭奇鬥豔，以眾籌網引領的中國眾籌行業也得到了越來越多的人的認知。

如果說互聯網讓金融不再是「高富帥」的專利，通過

融入更多碎片化的資金和更加方便的理財環境，讓更多普通人加入到理財大軍，那擁有互聯網金融和實現夢想雙重元素的眾籌模式無疑是互聯網金融的「神奇小子」——不僅讓更多的人有了實現夢想的機會，同時也有更多的人能夠成為投資者，得到另外一種收穫。

眾籌模式，顧名思義，大眾籌資。目前主要的運營模式還是通過創業者將自己專案的資訊上傳到眾籌平臺，然後由眾籌網站的用戶——即潛在的投資者們進行評估審核，決定是否支持。專案發起人設定投資的內容，資金、物品甚至創意都可以，投資者們在項目募集資金成功之後會獲得一定的回報。如果在規定的天數內，募集達不到預定目標，專案將會被視為不成功，之前的投資將會返回給用戶。

相對於傳統的融資模式，融入更多互聯網元素的眾籌模式無疑能夠得到更多的關注和支持，而因為本身其含有夢想的情愫，使得資金回報不再成為投資者衡量項目的絕對標準，這給更多的創業者提供了更多實現夢想的可能。而對於眾籌網站而言，隨著更多創業者和投資者的湧入，或許除去現在收取項目傭金之外，眾籌網站在盈利方面也會有著更多想像的空間。

✎ 國外眾籌網站的發展分析

眾籌的神奇在國外的表現更加明顯，以Kickstarter、Indiegogo、網信金融旗下的眾籌網爲首的眾籌網站正在飛速的向前發展。根據資料顯示，2013年全球眾籌網站專案中成功融資的突破100萬個，總金額突破51億美元。

作爲眾籌網站的鼻祖Kickstarter2013年在整體項目數量僅增長不到2000個（2013年成功融資1.99萬個，2012年成功融資1.8萬個）的情況下，獲得300萬人共計4.8億美元的籌資，這個數字相比2012年220萬人3.2億元，總籌資額增長50%。

Indiegogo儘管在體量上與Kickstarter還有一定的差距，但也獲得了高速的成長。這家僅有幾十個人組成的團隊募集資金遍佈190個國家，籌集到的資金增長近10倍，其中Ubuntu Edge更是驚豔亮相，在上線24小時內就募集資金345萬美元，創造了速度最快的融資記錄，而創業發明只占到整體的三分之一，其他創意、藝術以及個人夢想整體金額會更高。

而看中國，以眾籌網爲首的眾籌平臺也在中國特色的互聯網發展模式下小步慢跑。根據公開網頁資料顯示，網

信旗下眾籌網2013年2月上線，截止到現在共計發起眾籌項目365個，累積參與人數達到60423人次，共計籌集資金超過1.8億元，其中愛情保險創出了中國融資額最高眾籌記錄，籌資額超過600萬元，「快男電影」項目近4萬人參與，創出投資人最多的記錄。

實際上，國外對眾籌模式的探索也使得整體發展模式越來越清晰，根據目前眾籌平臺的專案的劃分，大致可以分為三類：第一類是創意、藝術，這些跟夢想的天堂更接近，中國很多網站也在這類項目上收穫了很多，眾籌網就曾經在去年發起電影、演唱會眾籌項目獲得很多投資；第二類是創業、發明，Indiegogo上有很多硬體創業籌資成功的案例；第三類是個人夢想、公益，這類專案往往需要融入可以打動投資者的故事，進而可以拿到更多的籌資。

這三個品類從數量上基本各占三分之一，但它們往往都有著相同的特點，一方面項目真實，創業者有夢想，並且在獲得支持之後有實現夢想的可能，投資者因此也可以獲得相應的回報；另一方面，感情因素的充分使用，通過眾籌平臺將金融加入更多的人情味，使得這些有意無意「支持夢想」的行為能夠成為推動項目吸引更多人的最佳利器。

而對於眾籌網站而言,它們也都需要有相應的對策來保證這些眾籌專案的順利執行。首先,需要創始團隊能夠保持相應的熱情,它們的夢想、價值觀會關係到上線項目的品質,甚至會關係到整個網站發展的未來;其次,需要建立完備的誠信體系,這些僅僅通過宣傳是不夠的,需要在專案審核、資金監管、後續服務等方面都需要有相關的配套,以此來增加整個的平臺安全;最後,需要宣導眾籌的時尚,打造更好的產品,通過更多感情的元素,將消費和投資的內涵進一步擴大,而不是僅僅局限於將物質回報放到第一。

◎ 眾籌平臺在中國

　　眾籌最早進入中國可以追溯到2011年,隨著P2P、互聯網金融等概念火起來。作為國外眾籌網站門徒的眾籌網也因為中國特色而與美國眾籌發展有著一定的差異:

1.法律和文化的差異

　　在美國,JOBS 法案簽署後,眾籌的模式受到了法律保護。人人都可以作為天使進行投資並且可以以股權、資金作為回報的方式,而在中國,眾籌目前更多的是物質回

報方式，股權眾籌模式還是僅僅處於摸索階段。

同時中美在文化上也存在較大的差異，中國用戶會更多的傾向於「逐利」而非「投資」，這就使得眾籌網站很難讓創業者和投資方產生良性的互助。因此，這些差異也使得中國眾籌在現階段的運營方式上略顯單一，還沒有充分發揮出眾籌網站實際作用。同時對於涉及到法律紅線的部分，可以跟傳統理財公司合作，去年獲得很大成功的「愛情保險」就是眾籌網聯合長安責任保險公司聯合推出的。

2.項目選擇上的區別

創新專案的缺失，或許對於現在的眾籌網站來說是最為頭疼的問題，相比國外那些動輒上百萬籌資的硬體明星專案，目前中國在這些方面很難達到這個標準。但中國眾籌專案在農業電商方面卻異軍突起。

近期，眾籌網就聯合本來生活進行了「農業眾籌」的嘗試，使用者在產品上線第一時間就可以享受到最新鮮的產品，通過雙方的共同宣傳，使得農產品的品牌得到加持提升，更好的實現資源互通。眾籌對於整個中國農業電商的發展和農產品的品質提升起到很大的促進作用。

3.盈利模式的探索

實際上，國外對於眾籌模式的盈利也都還在處於探索階段，但不同點在於，Kickstarter目前是收取5%的專案資金，Indiegogo收取4%，而中國的眾籌網站因為還處於起步階段，所以大多數還是免費的。這其實也符合中國互聯網產品「免費」的大環境。

但中國眾籌網站也在進行相關的探索，眾籌網目前收益模式會因行業而不同，例如在娛樂方面可以有相關的衍生產品，在創業方面可以逐步發展為資源提供平臺，甚至成為孵化器，給創業者提供配套的解決方案等等。

無論怎樣，在2014年互聯網金融發展的火熱仍然會延續下去，套用Indiegogo創始人的一句話，「資金終究會流向大眾」，眾籌作為最具發展潛力的行業也勢必會插上更有力的翅膀向前騰飛。

人人是天使投資人，或許用不了太久的時間就可以實現。

跨界——眾籌類型更加多元化？

「眾籌」對於大多數人已不陌生，這個起源於美國，借助互聯網快速被大眾接受，並活躍於各個領域的籌資模式，集合了團購、融資、創業等多種特點，還根據規模和形式分為股權眾籌、獎勵型眾籌、體驗眾籌和捐贈眾籌等。

股權眾籌作為普遍為大眾接受的一種集資方式，是投資人最願意看到和參與的。投資人以入股的方式參與到專案中去，既可以解決項目資金問題，還可以讓投資人獲得更多的收益。

當下，很多眾籌平臺也是以股權眾籌項目為主。但是，隨著眾籌模式在不同領域的創新和發展，獎勵性眾籌和體驗眾籌變得活躍起來，一些藝術、旅遊、環保都嘗試用這種方式，吸引大眾參與進來。

✎ 行業紛紛參與眾籌

中國環境文化促進會聯手上海通用汽車主辦「綠動未

來」環保公益眾籌平臺，研發環保產品、宣導環保社會實踐、徵集環保公益項目、籌集環保資金，並上線了15個不同的環保眾籌專案。

不只是環保，藝術和創意科技也在嘗試眾籌領域，通過贈送明信片、門票、讀書卡等多種方式，吸引投資者參與。與股權眾籌和債券眾籌不同的是，這些項目回報投資者的不是金錢，而是紀念品、體驗或生活方式，相比前兩者更有趣味性，而且投資門檻低，娛樂性強。

從這個方面看，眾籌的作用和意義已超越了其一開始的樸素意義。最初，眾籌的核心思維是搭建一個平臺，彙聚各個小個體的力量完成一個項目，並讓參與的小個體獲得當中的利益。在這個模式裏，強調的是籌資功能和回報模式。

而如今，眾籌不僅可以成為新銳產品試探市場反應的一個有效管道，還可以是粉絲經濟的植入行銷模式，甚至還可以是炒作曝光的一個有效途徑。無論是何種形式，我們依稀可以看見其中的一條共性規律——眾籌模式需要結合推出者自身的既有優勢，既基於其，又高於其。

✎ 眾籌類型趨於多元化

「**眾籌最關鍵的價值在於價值發現**。」眾籌網CEO孫宏生認爲，眾籌能夠風靡全球的原因是由於它更低的融資成本，甚至零融資成本。相對於各種各樣的融資平臺，眾籌的融資設置的非常低，而且效率也高，能夠讓發起人在很短的時間內成功籌到資金。

孫宏生指出，眾籌類型中占比最大的是債權眾籌市場。在孫宏生看來，因爲相關法律法規還不完善，導致股權眾籌增長緩慢，「據瞭解，關於股權眾籌的認定和標準已經提交到立法機構，樂觀的估計，如果今年下半年證券法修改後，將以法律的形式對股權眾籌的合法化、投資人數的上限以及初創企業融資規模的上限進行規定，屆時，整個行業將呈現爆發式增長。」

但獎勵性眾籌和捐贈眾籌的規模預測也是比較樂觀的，由於看不到具體資料，所以對於獎勵性眾籌好捐贈眾籌沒有具體的資料。但是通過追夢網、點夢時刻和點名時間等平臺可知，獎勵性眾籌和體驗眾籌十分受歡迎，尤其是依託粉絲的眾籌項目。

不僅類型多元化，涉及領域也十分廣泛。從最初的藝術創作項目到小微企業融資、大眾創業項目，再到環保、

公益等領域，一直到現在的房產、物業，眾籌似乎可以跟
所有行業融合，還產生了不同的化學反應。

業內人士稱，隨著不同行業的涉足，眾籌類型會更加
多元化，將根據行業的需求不同而延伸出更多的模式，這
是一個必然。

發展之路任重道遠

與其他行業一樣，眾籌也會遭遇「青春期的煩惱」，
監管、風險等多個問題考驗著這個依舊很「年輕」的眾籌
行業。

「由於中國誠信體系不完善的現狀，使得眾籌行業的
商業風險要大於法律風險，投資者的准入和認證也是非常
重要的。」天使街CEO黃超達認為。

黃超達的擔心並非多餘。日前，碧桂園聯合中國平安
共同推出的房地產眾籌產品，就引起的多方的爭議和質
疑，爭議最多的無疑就是法律風險和具體操作性。

由於眾籌是新領域，很多行業也是初次參與眾籌或推
出眾籌產品，具體操作存在問題也是可以理解的，但這個
問題會隨著行業與眾籌領域的不斷融合而得到解決。但
是，法律風險性就充滿了很多不確定性。

　　針對眾籌存在的風險性，天使街聯合創始人劉思宇認為眾籌的風險是可控制的，並能通過互聯網的手段解決：避免創業者和投資人、投資人和投資人之間的資訊不對稱；通過標準化的規則，將股權眾籌融資標準化、規範化。

　　當然，除了平臺自身做出努力外，相關部門的監管和法律檔也是不可缺失的，只有讓風險有法可依，才會真正從源頭杜絕可存在的法律風險和投資風險。

　　中國證監會新聞發言人張曉軍在例行發佈會上就曾透露，證監會在深入調研基礎上已初步形成了股權眾籌試點方案，正在履行必要的程序，有關工作進展情況會及時向市場通報。

　　而中國人民銀行金融研究所所長姚余棟7日在「互聯網金融千人會」上的一番闡述，從另一個側面透露出監管層對於股權眾籌的看法和監管思路。他指出央行金融研究所的研究成果「股權眾籌54321方案」，旨在將股權眾籌打造成為中國資本市場的新五板，培養多層次的資本市場結構，股權眾籌作為多層次的市場補充，對控制整個市場的槓桿率是有幫助的。

　　業內人士稱，伴隨著中國相關監管法規的出臺，股權眾籌行業將步入更為規範的發展階段，未來股權眾籌市場

發展空間至少在千億以上。

　　眾籌作為金融行業的新生事物，其未來的發展是不可估量的，尤其是股權眾籌，它的出現是對市場資本機構的有力補充。劉思宇認為，股權眾籌行業未來將由「資源導向型」向「流量導向型」轉型。今年，「行業或許將迎來一輪規模的爆發式增長」。

趨勢——爆炸性增長引發企業革新？

　　眾籌平臺最大的價值，在於它是一個放大鏡和聚光燈，它為項目能夠帶來的不只是 VC，還有把產品從小眾推向消費級市場所需的資源。往往那些在傳統管道得不到風投或捐助的項目，在眾籌平臺上卻能大放異彩。

　　眾籌曾是那些無法獲得傳統融資的公司的籌資管道，如今卻已經成為主流趨勢。據眾籌研究公司 Massolution 的統計：在2014年，所有活躍的全球眾籌平臺共籌集了162億美元，這一數字預計將在2015年翻倍增為344億美元。

　　隨著企業對眾籌活動認識的深入，眾籌越發成為主流融資管道之一。創業公司依靠它獲取資金，大型企業憑藉它測試產品市場……這樣爆炸性的增長必將引發革新，而企業家必須適應這些變化。

✎ 中國眾籌平臺的10個趨勢

1. 全球眾籌融資業務的年營收將迅速增長甚至翻倍

　　眾籌融資在2012年呈現爆炸式的增長，這對於那些拒絕相信的人而言是悄然無聲的，但對於那些欣然接受的人而言，眾籌融資在2012年3月8日至4月5日歐巴馬總統將JOBS法案簽署成法律期間呈現出的爆炸式增長卻是響亮明澈的。知名調查公司Massolution發佈了一項針對眾籌融資的調查統計報告，稱「2012年眾籌資金達27億元，成為繼公共和私募融資後的又一行之有效的融資方式，而2013年大眾融資總額可能將繼續攀升到50億美元之多。」

2. 眾籌融資平臺通過國際擴張發展壯大

　　各家眾籌融資公司目前都是資金不足，可以收購的資產很少；而且對眾籌融資網站缺少標準化的估值方法，所以在未來幾年，各大眾籌融資平臺將會通過國際擴張而非

併購來使自身發展壯大。雖然目前存在一些收購交易，但是多數都是收購相關運行網站的負債，然後投入更多資金以吸引流量，因為眾籌融資存在一個固有的挑戰——促使流量流向自己網站的成本如同無底洞。未來將會看到一輪淘金熱：在全球擴張的公司將會搶佔市場份額，以創新作為明顯優勢實現內生性增長。

3.眾籌平臺向垂直型、專業化方向發展

眾籌平臺希望借力於市場分工，因此專業的、按產業與項目分類的平臺更加符合社會的需求，比如專門關注電子遊戲、唱片、藝術、房地產、餐飲、時尚、新聞業等等不同垂直細分的專業眾籌網站。評價眾籌平臺表現的是投資回報，而該項表現特別突出的當然是針對某一種行業或項目的眾籌平臺。使自己的服務與眾不同也是眾籌平臺選擇特定方向的原因之一，只有提供差異化的服務，才能形成核心競爭力。此外，建立一個垂直型、專業化的眾籌平臺有助於吸引特定出資者反覆投資，因為決定眾籌者投資方向的，並不只是簡單宣傳活動，他們還會考慮眾籌公司是否符合其關注股方向等問題。

4.眾籌平臺將呈現投資本土化發展趨勢

Amy Cortese是一位商人兼財經記者，在她2011年出版的《投資本土化》中，對「本土化投資的改革」的興起，以及眾籌集資在其中的促進作用進行了描述。預計未來這種改革的勢頭將更加迅猛，其原因正是眾籌平臺更加專注於本土投資。自2012年3月歐巴馬總統簽署JOBS法案至今已經一年有餘，但美國證交所（SEC）在立法上卻沒有對創業融資表現出支持態度。相反，一些州政府對創業融資給予積極回應：已經有至少四個州（路易斯安那州、南卡羅來納州、佐治亞州、堪薩斯州）允許採取眾籌形式進行商業貸款。

5.企業眾籌將異軍突起

目前，越來越多的大型公司、協會等開始把目光投向眾籌集資，探索這一融資模式如何說明其進行市場調研和市場推廣，使創新產品能儘快融入市場以及如何迅速提高其自身的社會知名度。這些機構採用眾籌融資的好處不僅在於通過眾籌平臺吸引額外的資金，還將原本應由公司內部做出的決定放到民主的決策平臺上。近期，美國建築師協會（AIA）發表了一份針對眾籌作為民用、商用和公用基

礎設施融資潛在新來源的報告。普通的融資方式對小型企業來說非常難以利用，而眾籌在爲小型項目吸引投資上存在著巨大商機，對推動社區支援和爲各式各樣的基礎設施企業融資提供很多方便。

6.眾籌平臺將推動眾籌經濟發展

由於眾籌的社會知名度，以及其在聯繫小型微型企業方面不可替代的作用，包括世界銀行和美洲發展銀行在內的許多銀行和類似機構，都正在尋求通過支持眾籌以推動經濟發展的新方案。美洲發展銀行的多邊投資基金（MIF）正在開發拉丁美洲潛在的眾籌市場，目的在於通過眾籌模式爲較難獲得企業融資的小型企業爭取發展機會。拉丁美洲的眾籌產業尚處在起步階段，在過去幾年中陸續建立了包括crowdfunder.mx和idea.me在內的約40個網上眾籌平臺，其中，太陽能、教育和社區發展是最具發展潛力的領域。

7.眾籌平臺將促進慈善化眾籌經濟的發展

眾籌平臺，尤其是基於捐贈的眾籌和無利息眾籌，向來獲得慈善企業的支持。小型企業因爲其融資需求量非常

小，與眾籌平臺的供給條件非常匹配，即個人捐贈或貸款就可能成為成功融資的契機。對這些部門來說，眾籌是宏觀經濟發展升級的先決條件。

8.眾籌平臺線下活動增加，現場眾籌成為線上眾籌的必要補充

在實踐過程中，專案發起者的現場融資展示行為不僅能吸引媒體注意、創造巨大的市場機會，還能幫出資者獲得網路眾籌所不能實現的排他性。

Massolution的報告中顯示：「現場融資展示在新產品新交易的排他性方面遠超線上融資。例如在2013年10月，Crowdfunding Roadmap將舉行第二次『全球融資會議和培訓』，此次會議和培訓將首次採用現場融資展示的方式，任何人只要走近展臺，都能當場參與以捐贈和報酬為基礎的眾籌活動。」

此外，如果企業缺席本次活動，或十月後才能落實其計畫，Crowdfunding Roadmap將為其提供活動現場大螢幕視屏展示的機會，同時配有二維碼，幫助他們吸引潛在的投資者，擴大市場影響力。

9. 適應保守政策的新型眾籌應運而生

由於眾籌平臺存在的資訊不對稱和金融風險，很多商業人士仍把眾籌看作一片危機四伏的雷區——其可能導致出資者把資金浪費在糟糕的企業身上，甚至令經驗不足的出資者成為欺詐事件的受害者。這種風險極有可能會催生出越來越多的專門撮合難以獲得私募投資者關注的小企業與投資人達成協議的改良版眾籌平臺。美國的CircleUp和SoMoLend兩家公司已在此領域率先進行大膽探索。

10. 眾籌平臺的未來盈利模式將會多元化

雖然目前類似Kickstarter的主流眾籌網路平臺大都依靠傭金的商業模式盈利，但收取傭金並不是眾籌平臺盈利的唯一管道。伴隨著眾籌模式和眾籌平臺的不斷發展，未來眾籌盈利的新商業模式大概還有以下幾條道路可選：其一，做資源平臺，把網站上的創意產品和硬體公司、VC結合起來；其二，做「內部投資」，由於掌握著眾多優質項目，想要在商業模式上尋求突破的眾籌平臺未來完全可以投資平臺上的優秀項目甚至直接轉型成為孵化器；其三，在眾籌平臺互聯網流量足夠大時，也自然衍生出廣告這麼一個互聯網平臺非常成熟的商業模式。

行業格局四大演變

1.綜合眾籌平臺格局待定

眾籌從互聯網應用上而言，並非一個複雜的系統。任何一個互聯網應用，都終將是贏家通吃一家獨大的，相信眾籌平臺經過多輪拚殺和競爭後，也會是剩者為王的局面。眾籌業務的業內競爭，也許不僅僅是在當前這些專業應用平臺之間進行，真正叫大平臺的，還是掌握了用戶入口的BAT（百度、阿里、騰訊），只要哪裏有機會，他們一般是不會缺席的。可以預見，未來他們也將是眾籌的重要成員，甚至跳出來獨執牛耳。

2.垂直眾籌大放異彩

面向大眾，也並不表示人人參與。眾籌無論是籌的資金、智慧、資源，都只會掌握在某些人手中，如果不是因為稀缺，又何必要籌集呢？特別是某些專項資金，專門的知識與智慧，獨特的資源與貢獻，都將會向特定的群體、圈子進行募集。未來眾籌的應用領域會五花八門，無所不入，文化創意、影視、音樂、工藝、小說、動漫、遊戲、硬體、服務、房產、海島、權益、團隊、組織，都可以去

眾籌，而各行各業有各自的門道，有各自的思維視角和商業邏輯，有各自的交流語境和評判標準，所有垂直眾籌都要去研究所在行業的獨特業務邏輯和業務流程，否則，只是一個應用分類的話，就會是綜合眾籌平臺的下酒菜。

就像分類資訊網站，如果只是發佈一些基礎的通用資訊項，58同城這一綜合門戶就無所不包了，但是具有獨特業務邏輯和業務流程的一些垂直領域，比如招聘、房地產、理財，就會產生垂直的業務門戶，58想吃也吃不了的。

3.微組合機制更加強大

眾籌的魅力，很大程度上是在於可以集合組織起大眾來參與的機制與系統（注意，不是指面向大眾做行銷），一筆融資100萬元一個專業投資人搞定，這裏面是不需要什麼集合組織能力的。一筆投入100萬元，100個人出資聯合搞定，就需要強大的集合組織機制與系統，來保障權益的平等與監督執行，並且進行職能分工。一筆投入100萬元，讓成千上萬的人來參與，五毛八塊錢都可以參與的話，考驗的更是組織機制與系統了。

眾籌作為一種股權籌資的形式，最大的優勢在於把專業的價值判斷、投後管理工作與財務投資工作分開，從而

實現分工協作與集合管理。眾籌的未來，有機會解決五毛八塊錢的參與和權益確定，就意味著分工更細、集合程度更高、協作性更強，那麼未來眾籌的形態上會更豐富，當前的眾籌（基於互聯網），即將的雲籌（基於雲計算雲存儲雲服務和雲資源），未來的微籌（更小的份額，更微的出資，更廣泛的參與），都將各領風騷。

4.眾籌走向服務化

與P2P網貸比較起來，網貸從投資人把款放出去，到把錢收回來，一筆業務才算結束。眾籌呢，目前來看，好像各家平臺都是幫著把錢籌到，工作就結束了。創業項目籌到資，其實只是第一步，如何幫助融到資的創業項目成長，提高創業的成功率，提高投資人收益機會和比率，才是眾籌最需要面對的。眾籌的流程，從籌資開始，要到退出才結束。

✎ 六大主流眾籌趨勢

1.大平臺控制市場

據Massolution調查顯示，眾籌平臺的數量在2013年為308家，而在2014年升至1250家。

雖然在具體的市場領域，服務創企的網站有所增加，比如服務應用開發的AppStori、服務醫療保健的MedStartr以及服務食品和農業的Barnraiser，然而Kickstarter和Indiegogo等主流網站的主導地位並未被撼動。資料顯示，Kickstarter目前有超過7500次活躍的眾籌活動，而AppStori僅1次，MedStartr為5次，而Barnraiser也只有12次。

加利福尼亞大學伯克利哈斯商學院的全球眾籌和另類金融研究者Richard Swart指出：「眾籌與社交媒體非常相似，幾家網站就能主導全域。」

然而不可否認某些小眾網站也極具潛力，Swart相信它們也有可能成為眾籌領域的主流平臺。他指出：「大型平臺坐擁業務和風投的大量戰爭基金，這使得他們市場影響力遠超小型網站。」

Crowdfund Insider預測今年發生的一系列合併和收購將有助於小型平臺擴大規模，更好地對抗市場壟斷。

2.雇用專業眾籌機構

對創業公司來說，不論是希望以獎勵形式的眾籌活動來吸引投資者，還是希望通過股權平臺為投資者提供公司的股份，他們中多數都會選擇雇用專家來運營眾籌活動。

位於洛杉磯的Agency2.0於2010年開始經營眾籌活動。該團隊已經進行了200多場活動,從2010年平均融資16.8萬美元增長至2014年的85萬美元。

其創始人Chris Olenik指出:「我們的用戶都十分善於開發新產品,但缺乏眾籌經驗,然而諳熟流程的我們可以為他們組織一場成功的眾籌活動。」

Agency2.0和其競爭對手掌控大局,從起草pitch到放映活動視頻。大多數機構都需要收取籌備費用(Agency2.0根據工作的複雜性收費為3千美元到2.5萬美元不等),以及融資總額3%到20%的手續費。

在2014年的一次Indiegogo眾籌活動中,NewportBeach的創始人兼CEO為加利福尼亞的ChargeTech聯繫Agency2.0,希望通過它的幫助提升活動,吸引額外的資金。

他指出:「我們竭盡所能來組織這次活動,而Agency2.0更是錦上添花,為我們帶來了更多的支持者和股份轉換。」

除了該次活動已籌集到的12萬美元,Agency2.0還為ChargeTech的旗艦產品(號稱是全球最小的手機充電器)帶來了32.6萬美元的融資。這筆融資讓Agency2.0的費用變得物超所值。

3.眾籌活動不再僅限於初創企業

Corporate America也進入眾籌階段。Swart稱諸如Corporate America、KIA以及Kimberly-Clark的大品牌已經通過眾籌來為新產品測試市場。

他解釋說：「企業逐步認識到眾籌平臺中的社會參與不僅可以促使企業創新，還可以為銷售討論群組提供替代方案。」

許多大公司都以附屬公司的名義開展眾籌活動，否則未來的支持者很可能受到品牌效應的影響，使公司無法獲得客觀的產品回饋。比如Sony在日本平臺上為E-Ink概念表開展眾籌活動時，就將它放在了Fashion Entertainments（Sony公司中負責開發新一代可穿戴設備的部門）名下。

隨著越來越多的大企業在眾籌網站上開展眾籌活動，Swart擔憂這一傾向會衝擊草根眾籌環境。

他指出：「我們不能斷言這些百強企業的方式是否破壞了眾籌環境，但這無疑會使創業公司更難脫穎而出。」

4.眾籌成為風投者的要求

有時創業公司為獲得風險投資會選擇開展眾籌活動，借此測試自己的產品並徵得使用者回饋，並在與投資者接

觸前做足準備，因為他們相信這樣可以吸引風投的關注。

賓夕法尼亞大學沃頓商學院管理學教授Ethan Mollick稱，越來越多的風投者希望創業公司在向自己申請投資之前，能夠先進行眾籌活動。

他說：「眾籌是對公司能力的肯定，對獲取風險投資很有幫助。」CB Insights2014年的研究表明在2009到2013年間，440-plus硬體創業公司在Kickstarter或Indiegogo眾籌活動中共獲得了超過10萬美元的融資，而後它不出意料地獲得了3.12億美元的風險投資。

在2013年，科羅拉多風投公司Foundry Group宣傳將為Angel List的眾籌活動投資250萬美元，這一舉動讓它上了頭條。Mollick特別指出：「在眾籌成為主流的同時，風投者也越發關注它。」

5. 新融資模式應運而生

眾籌「資金」的出現使得投資者可以支持多類項目，而非瞄準特定的活動。

英國平臺Crowdcube與Braveheart Investment Group合作創立了一類資金，它使投資者可以對自己感興趣的所有領域投資。

Swart將這種投資比喻為小型私人公司的共同資金，他認為美國創業公司和投資者都能從中獲益。但就目前而言，它的未來仍需觀望。他解釋說：「根據就業法案來看，這種投資行為在美國並不合法。」但他相信，這種眾籌行為將隨著投資業的成熟而被接受。

6.股權模式將大行其道

　　由於JOBS法案改進了關於可信任投資者可參與股權眾籌的有關條例，諸如Fundable、Crowdfunder、CircleUp以及AngelList的新平臺均以該市場為目標湧現出來。

　　Behzadi開展PopSlate專案時也採用了股權模式，隨後獲得了160萬的種子輪融資，其中包括了從Fundable（**說明投資者以投資的方式獲取企業股份**）中獲得的30萬美元。

　　Fundable的創始人兼CEO WilSchroter指出：「創業公司總是想方設法地讓投資者投資更多資金，然而資金一旦升至25萬、50萬或100萬美元時，投資者就會要求獲得公司的股份。」

　　在2013年，創業公司共通過股權模式獲得了2.04億美元融資，該數字預計在2014年最高達到7億美元──占眾籌市場資金總量的7%。據Crowdfund Capital Advisors估

計，有71%的創業公司學習這些從機構投資者中成功融資的股權眾籌活動。

共獲得PopSlate7%股權的投資者們將公司股權分為8份。不過Behzadi堅持認為，股權模式的意義遠不止於獲得資金。

他解釋說：「公司的決議更具戰略性，這並不是僅靠資金就能達到的。我們歡迎能在財產分配和合作關係方面起到幫助的合作夥伴，他們的社交網路和門路將對我們大有裨益。」

眾籌可能演變出的六大商業模式

2014年火熱的互聯網金融商業大潮中P2P吸引了眾多眼球，但作為互聯網金融的另外一個主要商業模式眾籌卻顯得相對冷清。2013年全球眾籌總募集資金已達51億美元，其中90%集中在歐美市場。世界銀行報告更預測2025年總金額將突破960億美元，亞洲占比將大幅增長。

中國的眾籌市場必將被逐步引爆，掀起另一個互聯網金融的熱潮。眾籌平臺的想像空間巨大，可以演變出各種商業模式，具有巨大的商業價值。無論對投資人和創業者，眾籌都是未來的潛力股，在所有互聯網金融的商業模式中，眾籌對中國社會的經濟發展正面意義最大。眾籌帶來的不僅僅是投資收益，更重要的是其可以為創業者提供支援，發揮創業者優勢，支持新興創業勢力，推動社會經濟發展。

　　P2P和眾籌將共同承擔中國互聯網金融打破金融資源配置不均衡狀況的使命，降低中國民間融資的利率，增加直接融資的比例（目前中國直接融資比例為15%，美國為80%）。

　　眾籌的種類很多，從產品的收益角度可以分為產品眾籌、債權眾籌、股權眾籌、公益眾籌等。我們拋開產品收益，從社會積極意義的角度出發，介紹一下眾籌可能出現的商業模式。

✎ 產品重生的舞臺

　　有了眾籌平臺，創作者可以向投資者和消費者展現他的才華和產品，優秀產品不會被輕易拋棄。設計師可以將

自己的設計放到眾籌平臺上接受消費者的檢驗，如果其作品真的得到大家的好評，具有市場，設計師可以通過眾籌平臺輕易彙集資金，找到廠家來生產。生產者和消費都可以來源於眾籌平臺，這個眾籌項目不僅可以為投資者和生產者帶來收益，同時還可以實現設計師的自我價值。

適應此種商業模式的還包括燈具設計師、服裝設計師、玩具設計師、家居設計師、工藝品設計師、廣告設計師等。一旦眾籌平臺連接了這些具有實力的設計師，生產廠家、商家和投資將會迅速幫助設計師進行工業化生產，說明產品佔領市場，獲取高額收益。設計師在實現自我價值同時也幫助了缺少設計人才的生產廠家，商業想像空間和市場巨大。一旦有一兩件影響大的成功案例，將會迅速引爆眾籌平臺，進入人人時代。

✎ 高科技產品推廣的平臺

人類社會即將進入場景時代，借助於移動設備、感測器、大資料、社交媒體、定位系統的五大原力，人類的生活軌跡和社會行為都將資料化。可穿戴設備、各種類型感測器的出現必將帶來一次產品革命，由於其市場巨大，很多廠家都在投入資金來進行開發。可穿戴設備需要大量使

用者進行測試，進行產品功能和外形的改進。

借助於垂直的眾籌平臺，可穿戴設備可以快速吸引使用者參與測試，提供回饋報告，並且通過眾籌平臺吸引更多的客戶注意，為自己的產品進行免費宣傳。具有創意產品同樣可以為眾籌平臺帶來客戶，增加客戶的黏稠度，提高眾籌平臺的商業價值。眾籌平臺也可以吸引專業風險投資機構來加入，為這些高科技產品提供資金支援。可穿戴設備的投資較大，不太適合債權眾籌和股權眾籌。但產品眾籌可以說明這些高科技產品找到目標客戶，同時利用平臺的回饋來升級產品，眾籌平臺網站具有客戶來源廣泛，客戶文化程度較高，客戶較為專業的特點。

高科技產品利用眾籌平臺進行產品眾籌是個雙贏的模式，即有利於企業自身的產品的宣傳，又有利於眾籌平臺知名度的提高，如果良性發展下去，市場空間巨大。國產的高科技產品眾籌市場還在發展中，眾籌自身的商業模式也沒有成熟，急需一到兩個項目來引爆這個市場，高科技的可穿戴設備應該是一個最好的引爆點。

✎ 藝術家的大眾經紀人

藝術家成長的道路艱辛苦澀，面臨著內部和外部的壓

力，如果沒有用戶的支持，很多藝術家就會半途而廢。有的人可能會屈於某種壓力，放棄了自己的個性，喪失了藝術家的獨立性，成為模子化的庸才。

借助於眾籌平臺，藝術家完全可以向社會展示其藝術作品，無論是雕塑也好、油畫也好、工藝品也好。獨立的藝術家可以通過眾籌平臺募集資金來辦展覽或生產，借助於眾籌平臺，藝術家不但可以來展示自己的才華，得到用戶的認可，還可以通過平臺聽取廣大用戶的建議，對自己的藝術作品進行再次創作，尋找新的靈感，昇華自己的作品。眾籌平臺帶給藝術家的不僅僅是資金的支持，同時帶給藝術家的是更多用戶的支持和鼓勵。用戶完全可以通過眾籌平臺來幫助藝術家成長，成為藝術家的大眾經濟人，同時獲得資本收益。

目前國外的一些眾籌平臺已經通過畫展籌資，藝術講座，工藝品生產等方式說明藝術家進行創業，其成功的商業模式吸引了大量的使用者，並獲得了較好的效果。

眾籌平臺不僅僅是打通藝術家和客戶之間資訊通道，同時也借助於平臺讓人人參與藝術創作，吸引大量的藝術家和使用者，增加客戶的黏稠度，形成使用者規模，提升眾籌平臺的用戶價值。

✎ 軟體發展者的天使投資

我們正在進入軟體定義的世界，我們使用的很多智慧產品，其實質就是軟體功能。無論是手機應用，智慧家電，可穿戴設備，智慧醫療產品，大資料商業應用其後面都是感測器加軟體應用。

對於軟體發展者，軟體應用目前正向 App 的趨勢發展，幾個軟體發展工程師可以短時間內完成開發工作，軟體的開發工作正逐步從大規模的商業化生產走向具有獨特洞察力的軟體精英的發明創造。過去很多成功互聯網企業包括豆瓣網、美麗拍、猜猜看都印證了獨立軟體發展者的成功。獨立軟體的成功正在從團隊合作的模式轉向軟體天才的成功。

借助於眾籌平臺，這些可能沒有畢業的軟體天才或者是在大公司工作的螺絲釘都能通過眾籌平臺展現他們的創意，在得到資金支持後加速器產品的開發。眾籌平臺帶給他們的不僅是資金還有對他們未來的支持和鼓勵，同時也可以幫助他們找到志同道合的夥伴，收集大量的用戶回饋。眾籌平臺可以成為軟體發展天才的天使投資人，其沒有其他天使投資人強勢文化的缺點，尊重軟體發展人才的

自由成長，成為軟體發展天才的忠實支持者和用戶。

社會企業和慈善事業的新平臺

　　過去幾年，中國的慈善行業從社會捐款、政府統籌的形式正在走向社會企業和個人獨立發起慈善活動的形式，出現了各式各樣的慈善平臺和方式，例如李連傑的壹基金，浙江金華的施樂會，騰訊公益等。眾籌平臺依據其自身特點，很適合發佈慈善活動，實現我為人人、人人為我的目標。公益慈善事業可以幫助更多需要幫助的人，實現社會的和諧平等。

　　借助於眾籌平臺，可以發起多種形式的慈善活動，包括錢款捐助、衣物捐贈，義務支教，技能培訓，產品銷售，公益培訓等。眾籌平臺的透明性較強，專款專用，有利於提高慈善活動的透明度，同時也有利於大眾進行監督，平臺可以收集慈善獲益方的回饋，推動慈善事業的擴大發展。眾籌平臺也可以作社會企業產品和服務的展現平臺，說明社會企業進行產品推廣，增加人們對於社會企業的關注，支持社會企業的發展，同時眾籌平臺也可以提供資源整合，為社會企業發展提供良好的環境。

✎ 社交活動另一個平臺

　　名人講座、主題講演、產品發佈會、讀書會都可以形成社交圈，這些線下的實體活動將可以通過眾籌平臺來組織，通過眾籌平臺建立一個成熟的社交圈子，聚集各式人才。眾籌平臺的一端可以是產品設計師、財經作者、網路小說家、自媒體人、影視劇本創作人、藝術家、社會企業等。眾籌平臺的另外一端是消費者、用戶、個體投資者、專業人士、投資機構等。眾籌平臺利用其平臺優勢，使人人參與產品設計，人人都是設計師，人人都是用戶，人人都是消費者。眾籌平臺利用其平臺優勢，將創業人才和資金用戶連接起來，有利於創業者自身事業的發展和產品的完善，同時也有利於社會資源的整合，為投資者提供投資平臺，為願意幫助別人的人提供舞臺。

　　眾籌平臺通過以上的商業模式，將產生巨大的商業價值，同時對社會資源合理配置起到積極的作用。眾籌這種商業模式的主要積極意義在於：

　　・為個人創業者提供另一個人生舞臺，為其提供資金和用戶。

　　・為具有市場的產品提供重生舞臺，避免資源浪費。

　　・幫助投資者實現個人夢想，同時也幫助他人，實現

資本增值。

　　‧打造專業社會圈，利用認知盈餘，開啓人人時代。

　　‧爲社會企業和慈善事業提供舞臺，實現人人互助，推動社會公益發展。

　　《長尾理論》作者克里斯‧安德森在其新書《創客》中介紹說西方的工業正在開啓第四次工業革命，先進製造業和互聯網行業正在進行融合，鐳射切割機，3D印表機，還有資料銑床都在大規模應用。數位化正在進入製造行業，產品製造在進行數位化，工廠管理正在進行數位化，大規模製造的標準化正在被3D列印的個性化所影響。工業化機器人的應用將大大降低生產成本，提高產品品質。任何一個國家想要真正強大，必須有堅實的製造業基礎，美國經濟的25%仍然是製造實體產品的製造業，如果將產品分銷和零售都計算在內，其製造業占經濟的比例達到75%。其他的服務型經濟都是爲實體經濟服務，過分的強調金融效率和金融產品衍生功能將會造成虛假繁榮。

　　眾籌平臺爲創業者提供支援，說明創業者服務於實體經濟。借助於眾籌平臺，每個人都可以發揮自己的才能，實現個人夢想，眾籌平臺將會成爲每個人的第二人生舞臺，利用認知盈餘開創人人時代。

公益與眾籌
——最具代表性的新公益平臺？

衡量現代社會文明程度的重要標準之一就是公益。不過，不同的人對公益的理解存在明顯的差異，他們做出的公益選擇也各不相同。現階段，新公益平臺不斷湧現，它們正在逐漸改變人們對公益的理解與認知。最具代表性的新公益平臺非眾籌網莫屬。

相信絕大多數人對公益與眾籌這兩個概念都非常瞭解，而所謂的「公益眾籌」指的是，通過凝聚眾人的力量，基於眾籌平臺來為需要幫助的人提供必要支持的公益方式。它採用互聯網的方式來發佈籌款專案和募集資金。公益眾籌相對於傳統的公益融資方式，優勢非常明顯，它更加開放。公益機構、民間組織等只要有公眾喜歡的公益專案，都可以通過公益眾籌的方式獲得專案資金。眾籌網對公益專案有很高的要求，會通過層層篩選來選擇支持的公益項目並發動支持者投資。較之傳統公益，公益眾籌的項目更加多樣，專案操作過程更加透明。實際上，在眾籌

網看來，其新公益的特點正是他與傳統公益之間的區別。

🖉 國外公益眾籌的啟示

英國是世界上公益眾籌發展水準最高的國家。Prizeo 是英國發展最好的公益眾籌平臺，其借助名人在社會中的影響力爲需要受助的對象募集善款。主辦方一般通過兩種方式來籌集款項，一種是用與名人面對面交流的特權吸引捐款者，另一種是競拍名人捐出的私人物品。例如，明星可以動員自己的粉絲參與到某項慈善捐款活動中，並爲捐款者提供一定的獎勵，例如簽名合照或參加慈善晚宴等。事實證明，名人的參與，利用名人效應，名人的帶頭作用，大大促進了英國慈善事業的發展。

目前全球最大的公眾籌集善款的機構是在2009年成立於美國的Fundly。它專注於公益項目和活動。根據有關資料顯示，Fundly從成立至去年年底，共籌集到超過3萬億美元的善款，累計爲18萬個公益項目買單，使很多人從中受益，從中可以看出，公眾眾籌不但能夠很好地解決公益專案資金的問題，同時又能促進社會的發展。

這些公益眾籌平臺的成功運營爲中國發展公益眾籌事業提供了參考，針對項目和領域的不同，公益眾籌需尋求

新的發展模式。以往中國慈善事業獲得資金的方式多是由企事業單位或組織募捐，而公益眾籌將更多的群眾吸引進來。

近年來，中國的公益模式發生了很大變化。過去，公益模式非常簡單，無非是組織一次宣講活動，擺一個募捐箱，由參與者根據自身意願將捐款投到捐款箱裏。如今，這種募捐方式已經很少見了，越來越新穎、時尚的籌款方式不斷湧現，例如徒步、微博互動以及長跑接力等。募捐的方式越來越強調參與性，也越來越將它與積極健康向上的活動聯繫起來。這說明，公益眾籌越來越強調其公益性，越來越注重其人性化，籌措資金的目的是服務於公益，改善我們居住、生活的環境，促進社會的發展。此外，捐款的支付方式也變得更加多樣化，以往的募捐箱已鮮有出現，現在募捐方式更加電子化，也更加方便，例如支付寶或者微信支付等，只要手裏有電腦或手機，就能發起募捐和實現募捐。這些現代支付方式不僅提高了公益捐款的便捷性，還提高了公益項目運作的透明度，可謂一舉兩得。

作為一種公開的融資方式，不可避免地，和其他的融資方式一樣，也要面對公眾的信任度的問題，這也是決定

公益眾籌能否持續發展的因素之一。目前，公益眾籌最大的問題是公眾普遍對公益項目的內部運作持懷疑態度，它也制約和影響了公益眾籌的發展。這種疑慮可以通過公益專案資訊的充分公開來消除。陽光、透明的市場化公益動作方式，是作為開放式眾籌的優勢所在。在發達國家，公益機構就通過增加透明度獲得了公眾信任。

以美國為例，公益機構不但要及時公開政府規定的公益專案的標準和規則，而且要將公益項目的申請以及實施過程公開，接受公眾全方位的監督和質疑。專門負責監督的機構要給予慈善機構客觀的評價，如果監督機構給予他們的評分過低，慈善機構就要面臨經營困難無人資助的境地。為了能夠獲得生存和發展，這些機構在自身運營和投資的公益項目上盡最大可能做到公開透明，使得所有關注機構以及公益項目的個人或團體都能夠隨時獲取他們想知道的資料。這種誠懇的態度吸引了大批熱衷於慈善的人們。

✎ 中國公益眾籌的現狀

中國發展的眾籌網通過線上、線下兩種方式進行眾籌，實現公益專案的一條龍服務。在眾籌網，獲得資助的

公益項目很多，例如大家熟悉的助跑馬拉松公益項目以及關注貧困山區孩子以及留守兒童項目。

第一個專案的服務對象是自閉症兒童。兒童是一個國家未來發展的主力和支撐，而自閉症兒童的治療是一個非常長期的過程，需要大量的人力、物力和財力，也更需要來自社會的關心和幫助。該公益項目爲這些兒童的治療提供一定的資金支援，並積極調動更多的醫生和老師加入進來幫助這些孩子走出困境。

第二個項目主要爲貧困山區的兒童提供合理的營養飲食。兒童時期是身體成長的關鍵時期，需要合理的營養結構，但是有些貧困地區的孩子連填飽肚子都成問題，更不用說關注營養問題了。中國的發展一直是不平衡的，而這些貧困山村的兒童，更是缺少關注，或者說關注力不夠。眾籌網這個項目能夠讓更多的人去關注貧困山區兒童，知道某些山區的貧困程度，從而吸引有實力的慈善人士關注山區發展，幫助這裏的孩子茁壯成長，爲中國明天的發展，培養健康又有活力的新接班人，同時，從改善人本身的素養出發，建造一個和諧、陽光的社會。

公益眾籌的核心根本

以往我們接觸的互聯網公益，大多採取將公益專案推廣並積極募集資金的方式，沒有後續的跟進和服務。現在的公益眾籌則著重提高公益項目推廣後的參與度，使捐助者能夠更加體會到參與公益的樂趣和幫助他人的成就感。隨著眾籌網等新興公益網路的出現，眾籌公益衍生品也將隨之出現。

我們可以將公益衍生品理解為情感或感悟，即捐助者參與公益項目時獲得的多種情感，例如快樂感、成就感、滿足感等，並形成自身對於公益活動的感悟。使參加公益項目和公益活動的捐助者，不但能夠幫助他人，助他人成長，同時，也能夠使自身對生命的感悟更具體和豐富，完善自我。這樣的公益活動不僅使公益項目得到了成功，還讓捐助者從中受益良多，獲得公益衍生品。

去年年初，眾籌網平臺上成立的友成基金會進行了一項公益活動，名為「我們都是一家人」，旨在幫助雅安地震中受災嚴重的火炬村的老人們。活動為每個老人準備了一份特殊的禮物以慰藉他們的心靈，使他們感受到來自社會大家庭的溫暖。此次活動還免費為本村三百多個家庭拍攝全家福。為了擴大活動的參與度並能夠深入其中發揮作

用，這些全家福將在元宵節加以評比，積極參與活動的家庭都能夠得到數額不等的資金獎勵。

為了提高大家參與這次雅安活動的熱情，舉辦方把平臺搭建在眾籌網上，捐助者可以根據自己的實際情況選擇捐助金額，範圍在20～500元之間。參與此次活動的捐助者可以收到活動舉辦方贈送的紀念品並獲得火炬村全家福的閱覽權，分享彼此的快樂。在眾籌網進行募集資金的全程是透明的，任何關注此次活動的人士都可以查閱活動的進度以及善款使用明細等情況。此類活動的方式已經將傳統的捐助方式改進，使捐助者和愛好公益的人士都親身參與其中，獲得更多的快樂。

在眾籌網，這類型的例子不少。

例如公益項目「梵唄心靈音樂會——為公益造血」。這個公益活動是由四位在校大學生發起的，他們發揮各自的音樂才能在各地舉辦音樂會，通過這種方式募集資金支援貧困偏遠山區的教育事業。在此次的活動中，大學生得到了鍛煉，愛心得到了傳遞，捐助者享受到了美妙的音樂和說明別人的快樂，受捐助者得到了幫助，這些使公益活動達到了預定目的。

以往的捐助方式逐漸被新興的捐助方式取代，新的捐

助方式符合當代人的需求──在幫助他人的同時，自己也
能夠收穫很多。

✎ 公益眾籌的機制

正在中國興起的公益眾籌，引用先進的互聯網技術，
可使其募資及花費帳本完全透明化，並使所有捐款人都變
爲公益項目的監督者，這無疑可增加獲得捐款的機會。

不管公益事業的發展模式如何創新，公益的根本仍然
是人，需要通過人的作用來解決當前公益眾籌遇到的問
題。通過相關資料顯示，有近百分之八十的民眾認爲眾籌
項目的監督不到位，機構內部的透明度也不夠高，公眾對
於資金使用明細等仍非常敏感。所以，公益眾籌的監督要
格外嚴格，要加大力度，只有贏得公眾的信任，才能夠得
到更好的發展。

開展公益專案時，首先要做到透明公開，提供資金使
用明細查詢，接受捐助人和公眾的集體監督。這種形式的
監督一旦形成很容易增加公眾對公益眾籌的信任度。信任
的建立，能夠逐漸改變國人對於當前慈善公益的印象，使
更多人能夠接納公益專案並積極參與進來，受惠的不只是
整個公益行業，還有被公益機構、公益組織等服務的眾多

的人以及社會環境。

　　中國和國外慈善政策、民間捐贈環境不同，但慈善機構的目的都是一樣。為了更好地服務於公眾，中國的慈善體制進行市場化是十分有必要的。它既是未來發展的趨勢，也是公眾需求的走向。改革要想順利實現還需慈善機構積極改變觀念，監管部門也要為市場化發展提供空間。

　　公益眾籌的主要目的就是通過各種形式的活動，使得捐助人與受助人都能獲得自己想要的，即實現雙贏。以往中國的公益活動，被多種條件束縛，很難發展，而且捐助人與受助人之間資訊嚴重不對稱。這種不透明的公益行為並不被公眾接納，很難籌集到善款。公益眾籌能夠輕鬆避免此類問題的出現，其高透明的運作，使關注公益的人都能夠參與進來。正是有了捐助人的親身參與，他們對於活動的意義也理解得更加深入，支持活動的力度也會加強。

　　公益眾籌的發展在一定程度上反映了民眾對於這種慈善行為的認可，也為中國慈善事業的發展指出一條新出路。在未來，公益眾籌將會進一步掃清公眾參與公益專案的障礙，讓更多的熱心人士參與到公益事業中來，讓更多有困難的人得到及時的幫助。

延伸閱讀

眾籌《大聖歸來》
——影視眾籌離我們有多遠？

「你去看《大聖歸來》了嗎？」成了今夏最火的一句問候語。這個夏天，一個長臉猴的故事使我們記憶深刻，同樣深刻的還有《大聖歸來》所創造出來的動漫電影的奇蹟。

這個奇蹟所包含的標籤眾多：上映3天票房過億，上映15天打破中國動畫電影史上的票房紀錄……「眾人拾柴火焰高」，奇蹟的背後是89個眾籌人780萬元眾籌資金的投入，創造了本息至少超過3000萬的回報。

那麼，影視眾籌能否成為普遍的理財方式「飛入尋常百姓家」，普通人的影視眾籌夢有可能成真嗎？

◎影視眾籌發展不一，《大聖歸來》玩出「花樣」

眾籌在中國開始於2011年，主要分為債券眾籌、股權眾籌、回報眾籌等幾種方式。《大聖歸來》屬於眾籌細分領域的一種——影視眾籌。影視眾籌近年來發展迅速，自發展起來受到了互聯網公司、金融公司的極大關注。

作為影視眾籌的成功範本，《大聖歸來》不是先例更不是個例，但是其成功卻極具代表性。在國外，2013年由眾籌平臺Kickstarter輸送的電影《流浪追夢人》榮獲第85屆奧斯卡最佳紀錄片獎。在中國，有粉絲眾籌的電影《快樂男聲》、《大魚海棠》、《十萬個冷笑話》……這些電影的眾籌是成功的，都同時在短時間內籌得資金，但是在電影反響和票房方面卻表現平平。另一部眾籌的影片《黃金時代》「高開低走」，最終票房不足6000萬，這也就意味著這部影片的眾籌根本就談不上收益。

　　《大聖歸來》的眾籌並沒有在較為正式的眾籌平臺上推出，但是卻真正意義地為大眾投資者打開了大門。出品人在微信朋友圈發佈了眾籌的資訊，眾籌對象主要是對出品人較為熟悉的人群。

　　天使匯創始人蘭寧羽指出：「參與《大聖歸來》眾籌的投資人主要有三類：金融圈的朋友、上市公司的朋友和電影圈的夥伴。是出品人靠自己發的朋友圈的個人號召力集結起來的投資，正是這些『朋友投資人』為《大聖歸來》的前期宣傳和首周票房貢獻出了巨大力量。」

◎影視眾籌風險大，回報低

　　借助《大聖歸來》，影視眾籌徹底風光了一把，但是風

光歸風光，投資者最關心的問題還是風險和收益。

　　影視眾籌的收益模式大致可分為兩種。一種為獎勵眾籌，屬於普遍小額投資，一般多予以實物獎勵，風險較低；另一種為與票房掛鉤的金融收益模式，受票房影響，收益率波動較大。業界人士看來，《大聖歸來》式的成功並不普遍，並不是所有的影視眾籌項目都擁有這麼高的回報率。目前共有9家平臺涉及影視類眾籌，既包括以京東眾籌、眾籌網為主的綜合類眾籌下的小眾籌，又包括專做影視垂直細分的淘夢網等。但近半數平臺影視發佈項目為個位數，平均成功率在六成左右，中國的第一批影視眾籌網站目前項目的成功率只有四成。

　　以眾籌平臺「百發有戲」為例。百發有戲定位眾籌消費加金融，門檻最低為10元人民幣，最高為1萬元，投資者可獲得電影票等權益並可以獲得8%到16%的現金收益。百度百發首期推出的專案是《黃金時代》，收益則根據票房的情況具體設定。從票房低於2億開始到票房超過6個億，每增加1億票房對應一個檔次的收益；低於2億收益率為8%，每增加1億收益率提高1個百分點；若票房超過6億，收益率為16%。結果票房出現「滑鐵盧」，金融投資全無收益。

　　目前，中國大部分影視眾籌平臺運營平平，一般而言

不保障收益，投資者還需要警惕風險突然降臨。電影不同於其他投資，其故事的優劣、藝術性的高低、製作水準的好壞會影響票房，但都只是「冰山一角」，近幾年來票房的高低變得越來越不可「琢磨」。普通投資人對電影從拍攝到發行各個環節的運作模式瞭解有限，所以很難對投資「標的物」有準確的判斷。投資者靠自己的常識無法對此預估，就不用奢望籌資方可以提供出清晰的回報模式和可估風險模式。一旦電影票房呈虧損狀態，影迷們眾籌投資的資金也會根據虧損比例相應縮水。

總體而言，影視眾籌風險較高，成功比例較低。一方面影視劇投資不確定性較強，受到檔期、同期上映電影、市場偏好等多方面因素綜合影響；另一方面，影視眾籌發展時間較短，相關運作體制尚未完善，存在一定技術風險、信用風險和管理風險。聚募創始人邵錕認為：「好片子一般主創團隊本身就很有號召力，無論是對於投資人還是影迷都很有吸引力，所以一般不會用眾籌的方式來籌錢和推廣。而需要通過眾籌來籌錢和做推廣的專案，說明主創團隊本身缺少成功案例和號召力，項目失敗的機率也就很大。」

◎如何投資影視？

雖然《大聖歸來》的成功對於影視眾籌而言還不具備明

顯的說服力，但是影視眾籌方興未艾，所以投資者如果看好眾籌網站上正在籌資的某部影片，不妨來一把「投資」，體會一下「美麗的畫面」。

　　首先要選擇一個比較合理的管道接觸專案，同時考慮的因素包括平臺的穩固性、資金的安全性，以及平臺的長期運行保障機制等。可以選擇專門做影視眾籌的平臺，也可以選擇綜合性眾籌平臺，依靠「互聯網大佬」，具有一定的保障。其次是選擇好的項目。選好專案後就可以投資了。普通投資者都為非專業投資人，在不好確定的情況下，可以選擇跟投。對於投資者而言，影視眾籌最為關鍵的步驟是控制風險，所以投資者在投資項目前一定要瞭解專案的技術、價值、風險、法律保障有多大。完善的保障體系是影視眾籌的「救命稻草」。

　　以某金融眾籌平臺為例，打開網站頁面映入眼簾的是網站提供的四項保障，緊隨其後的是一些正在籌資的影視項目。每個影視專案下都有起投資金、預期最高年收益、回報週期等最值得投資者關注的說明。另外投資者可以在投資指南頁面中瞭解到專案的資金用途、投資收益、投資風險。除此之外，各個項目的詳細介紹也會令投資者對項目的整體運營有所瞭解。投資者可以根據自己喜好選擇專案進行投資。

「眾籌有風險，投入需謹慎」。目前而言，影視眾籌領域存在的未知還是大於明確，影視眾籌作為理財方式走入尋常百姓家「路途漫漫」，投資者想要分「一杯羹」需要備足功課。

第六章

誤區與生機並存

——「浮誇」下的眾籌

小微眾籌的典型案例分析

眾籌是互聯網金融時代新興的投融資模式，也是極具想像力和創造力的創業模式。眾籌募集資金效率很高，一時間眾籌專案遍地開花。但是任何事情都有其兩面性，眾籌咖啡館也面臨著諸多成長的煩惱。

現代眾籌是互聯網金融時代的新型投融資模式，具有門檻低、重創意的特點，對於支持創業創新作用突出，被稱為「販賣夢想的生意模式」。眾籌模式顛覆了傳統創業模式，激發了年輕人的創業情懷，眾多眾籌專案紛紛湧現，中國首家女性眾籌咖啡館 Her Coffee 就是一個樣本。

2013年8月，66位美女股東每人投資2萬元，共籌集132萬元創立了這家被稱為「史上最多美女股東」的咖啡館。66個人來自世界各地，大多具有國外名校背景，從事各行各業：投行、基金、互聯網、傳媒、航空等。創業之初只是八九個人湊在一起想開個咖啡館，因為錢不夠，於是又各自通過微博、微信拉來其他人。66位美女股東推出夢想計畫和夢想手冊的概念，並將此理念作為

Her Coffee的共同願景。她們立志說明更多需要夢想支持的朋友，通過徵集社會各界資源，共同實現和傳遞他們的夢想。

於是，採用眾籌模式的、全國首家以全美女軍團爲代表的Her Coffee，在試營業之初就被評爲「北京最性感八大處」之一，詮釋了「性感」新高度——有夢的美女最性感，咖啡館也迅速在投資界和商界引起熱烈關注。只是好景不長，過去一年，像Her Coffee這樣的眾籌咖啡館一時遍地開花，但後續經營管理都遭遇成長的煩惱，甚至倒閉也並非個案。

從Her Coffee案例的前世今生乃至其瀕臨倒閉，可以看出眾籌咖啡館仍有諸多痛點，特別是在選人、募資、經營、管理等方面問題最爲突出。

✎ 選人不嚴，架構不清

眾籌是一種碎片化的股權投資，眾籌項目並不只是籌集資金，更重要的是籌人、籌智、籌資源，嚴格挑選聯盟者至關重要。可以說，選人越嚴格，成功機率就越大。

股東多元化配置。根據經營需要審慎考慮股東配置，包括經驗、資源、能力、人品等，另外，最好熟人推薦，

這樣遇到棘手問題時會有人解決，也能避免一些隱性風險。比如，在眾籌咖啡館股東中應有相關創業或管理經驗的人、懂財務的人等。Her Coffee最初由八、九個人發起，之後各自通過微博、微信拉來更多投資人。這66個人，大部分未曾謀面甚至互不相識，只知道各自微信昵稱。對合作夥伴不加篩選，給錢就行，為失敗埋下伏筆。

股東架構設計不清。Her Coffee起源於66個女人的浪漫夢想，但是股東眾多也意味高溝通成本，如果出錢的、幹活的一齊上陣，就會出現多頭管理或管理空白。創新管理方式，設立核心股東或成立「班委會」的形式，管理與經營團隊各司其責，才能提升企業效率。

缺乏專業的管理團隊。Her Coffee的股東將問題歸結於「決策上沒問題，缺少落地的人」，66個創業者都不是精於此道的管理者，都有自己的日常工作，尤其是對咖啡行業不熟悉。咖啡館日常事務瑣碎，包括定位、選址、裝修風格、咖啡豆選料、咖啡烘焙技術、配餐的選擇製作等，需要專人打理。因此，聘請專業運營團隊，讓不懂管理的人退居投資者、消費者和傳播者的位置，才能提升市場運營效果。

✎ 經營不善，管理混亂

創業理想很美，但是不按市場經濟規律辦事，缺乏清晰的運營模式和對未來的規劃，後續的虧損和倒閉也就在預料之中。

定位偏差。作為商業咖啡館，核心功能、核心人群是關鍵。Her Coffee以女性咖啡館為定位，在設計上注重小資情調，燈光、音樂、書架、美女股東照片，文藝氣息爆棚，非常契合女性浪漫情懷。但對於CBD商務人士來說，離辦公室較近、便於商談公務或自我放鬆的氛圍更適合，與Her Coffee的定位有偏差。

組織決策混亂。由於沒有採取設立核心股東或成立「班委會」的形式，而是規定所有決策都需要召開股東大會，直接導致決策成本太高。在召開股東大會時，經常遇到一個人不同意就反覆開會投票的問題，而且核心決策圈一直變化，導致很多決策一拖再拖。Her Coffee名義上有66位股東，這些海歸「白富美」都有繁忙的本職工作，無暇打理咖啡館，投資基本是圓夢基金或玩票性質的消費。即使週末偶爾過來也是帶朋友前來「獵奇」，很少能真正對咖啡店的經營有所幫助。

非市場化經營。Her Coffee的參與者多是心存股東情

懷，卻缺乏對作為一個老闆的理性認知，難以接收市場檢驗。股東們按照感性認知去做，而不是通過資料分析理性謀劃，再加上風格各異的原因，在經營管理中出現各種困難。比如對於經營種類、原材料管理、毛利率核定、損耗監控都沒有邏輯。一位股東曾對媒體表示，Her Coffee 的困境一方面是租金太高，店面沒有煙道，不能做飯提供簡餐，局限了咖啡館的發展。當然，休閒娛樂場所太多，只賣咖啡回本很難，而不盈利就會出現資金短缺，導致門店無法運轉，這些在前期就應有相應對策。

過度依賴圈層。眾籌項目優勢是可以迅速解決資金和資源問題，雖然眾籌咖啡館大多對圈子經濟所帶來的資源抱有很高期望，但實際經營還是要靠市場，懂經營比人脈更重要。Her Coffee 咖啡館頭三個月銷售額一直增長，但是之後美女股東們把自己的人脈資源消耗殆盡，潮流人士對史上最多美女股東的咖啡館逐漸淡忘，回頭客慢慢減少，畢竟去咖啡館的顧客大多是為了品咖啡，而不是為了看美女。

✎ 募資太少，風險較高

眾籌咖啡館的老闆更注重圈層運營。Her Coffee 美女

股東們看中的也不是咖啡館本身能不能賺錢，而是希望讓眾籌模式運轉起來，讓這些天南海北的股東們聚集起來，圍繞這個散發小資情調的咖啡館，形成持續的人脈網路和各種資訊資源。但是，對於大部分股東來說，還是希望能有投資回報，哪怕沒回報能維持自我運營也行，再或者咖啡館能帶來其他隱性收益，如作為免費活動場地等。

資金鏈斷裂是極大的經營風險，因此，有必要第一次眾籌時就提高門檻，精於預算，備足資金，提高抗風險能力。Her Coffee 原始資金只夠初始投資費用，除去房租成本之外，裝修、設備、日常開銷都不是小數。

✎ 建立完善的運營監督管理機制

中國式眾籌的出路在於建立現代公司治理機制，明確的公司治理機構，實現所有權和經營權分離。眾籌造就了大批小微股東或投資人，沒有大股東的存在，導致了所有權分散，進一步導致了經營權、決策權的分散，帶給專案很大風險。

Her Coffee 沒有一個完善的公司治理結構，股東分散，股權不集中，沒有董事會，沒有明確的決策經營機制，「一人一句」導致了經營決策混亂，效率低下。Her

Coffee的美女股東們也沒有所有權和經營權分離的意識，沒有聘請職業經理人進行經營管理的計畫，籌集到了資金卻仍是依靠人脈經營。

　　通過完善的決策機制、監督機制和激勵機制，使企業的所有者和經營者之間形成一種動態制衡的關係，既利於保護股東和利益相關者的利益，也通過對受委託的職業經理人的有效監督和激勵，給予他們足夠的經營空間，提升了企業的競爭力。

　　成熟的企業也需要完善的經營監督機制，讓所有者放心放權，讓經營者依規經營，這對於提高企業管理水準，維護股東的所有者權益，提升企業的盈利能力都具有重要意義。

　　Her Coffee的監督管理問題體現在幾方面，一是籌資時大量陌生投資通過互聯網集中，互不相識的小微型股東空間上的分散性和廣泛性，使籌到的資金難以進行有效監督；二是某些眾籌咖啡館的平權架構使各股東相互之間沒有制約，不僅帶來了高昂的溝通成本，而且對於股東大會產生的高額成本管理費用的監督帶來難題；三是由於沒有採用現代企業的管理方式，無法對咖啡館的營業狀況、財務收支情況、納稅情況和市場行銷等工作進行有效的監督

管理。

因此，建立完善的運營監督管理機制就顯得尤為重要。一是要完善資金鏈的管理監督，提高資金的利用效率，確保眾籌來的資金都能夠運用到專案的運作上去。二是完善運營監督機制，這包括對企業的發展戰略，人力資源以及生產、市場行銷等運營狀況的監督，提高決策效率和運營效率。三是完善財務監督機制，對資金籌集、運用進行控制和監督，積極防範和規避風險。

✎ 市場化的企業運營制度

不按經濟規律和市場需求進行管理和運營，最終導致 Her Coffee 經營不佳甚至虧損。這和咖啡館股東的初衷有直接關係，她們看重的是咖啡館本身所散發的小資情調和天然的交流平臺，賣的是情懷，少數投資者更是為了滿足公益和文化需求，營利不是她們的最終目的。

但是不盈利並不等於不虧損，當咖啡館收支不平衡，並且經營資金缺口越來越大時，所謂「公益」也就成為一句空話。最終，理想化的經營模式難以為繼，無法在激烈的市場競爭中生存下去。

因此，眾籌咖啡館應採取市場化的企業運營機制，建

立完善的股本結構和產權結構，形成科學規範的決策運營機制。一是建立良好的企業運行機制，可以按照現代企業制度的要求，建立秘書處、執委會、監事會、職業經理人團隊等，完善企業的組織管理機構；二是加強眾籌企業內部財務控制制度，提高專案運作的預算、評價的科學性，注重生產經營過程中的成本控制和品質控制，使企業資產能夠保值和增值；三是完善眾籌企業的動力、約束和調控機制，提高凝聚力、向心力，約束不正當行為，提高企業行為的合理化、科學化水準。最終達到提高企業的抗風險能力，降低企業經營風險，達到盈利目的。

房地產眾籌，看上去很美

眾籌以驚人的速度席捲房地產行業。這種商業模式既降低了地產商的行銷成本、解決了其融資困難，又滿足了房地產投資者的投資需求，帶來了多方共贏的效果，但其中涉及的法律問題也亟待明晰。

目前，眾籌的概念在地產領域可謂遍地開花，然而，其中不乏有很多打著眾籌的概念幌子，行行銷去庫存之事。從本質上看，這也並不是什麼壞事，畢竟開發商賺進了噱頭，精準定位了購房者，購房者也可以享受到實實在在的優惠，儘管能夠真正享受到這種優惠的購房者可能只是極少數。

看上去很美的房地產眾籌

單從純粹的互聯網＋房地產＋金融的角度來看，中國的房產眾籌市場也是頻頻亮劍。綠地、萬達、萬科、遠洋已相繼公佈了眾籌戰略。中國房地產眾籌聯盟在上海成立，碧桂園、寶龍地產、大華集團、金地集團、綠地集團、綠城集團、融創、世貿房地產、萬科、萬通控股、中國平安組成了無論從影響力還是綜合實力來看，都可稱為巨無霸的聯盟組織。可以預見，房地產眾籌接下來在中國將會有一番大動作。

碧桂園則是這即將到來的諸多動作的領頭羊。中國房地產眾籌聯盟成立當天，就宣佈了將碧桂園上海嘉定專案作為首個眾籌開發專案。由碧桂園提供產品，中國平安的平安好房提供平臺。碧桂園聯席總裁兼執行董事朱榮斌介

紹，認購專案眾籌金融產品者，不但可以參與到項目開發的全過程，還可以獲得份額轉讓、優惠購房和項目分紅等多重收益。

而在這之後不久，一直往輕資產轉型的萬達也高調推出了霸氣外漏的「穩賺1號」，且反響不凡，在6月12日正式上線當天，便在1小時內售罄。公開資料顯示，「穩賺1號」以萬達廣場作為基礎資產，募集資金將全部投資於2015年新開工且在2016年開業的只租不售的中國二、三線城市商業廣場項目。但萬達有權根據籌集情況調整基礎資產。

「穩賺1號」在基礎資產全部投入營運之前，由眾籌發起人以資產管理方式進行資金運作，並將產生的收益作為對投資人的回報，在全部投入營運後，由這些萬達廣場的項目收入來保障盈利。

根據產品說明書，「穩賺1號」的預期合計年化收益率為12%起，包括兩部分：一部分是租金收益，預期年化收益率6%，在每年收益派發日（7月15日）發放；另一部分為物業增值收益，預期年化收益6%，將在退出時一次性發放。

對於看上去很美的房地產眾籌，真的像籌資方所描繪

的那樣美好嗎？

對於萬達推出的眾籌產品，就有分析人士稱，儘管叫做穩賺1號，但這個項目注明了並不保本付息，這意味著大眾作為LP（有限合夥人）冒著虧掉本金的風險，有可能有6%的利息。而這不僅僅是穩賺1號的問題，對於每一個眾籌專案，風險都是客觀存在的。尤其是股權性質的眾籌，風險更是不容迴避的問題。據悉，從2013年年末開始，眾籌平臺跑路的新聞就頻頻見諸報端，這一問題愈演愈烈，到2014年12月，一個月之內有93家平臺出現問題，數量超過之前數月的總和。可見，隨著股權眾籌模式大張旗鼓地推進，風險和隱患也在迅速集聚和暴露。

2014年，各類城市房地產市場成交量均出現了不同程度的下滑，市場總體上呈現出低迷的態勢。市場價格居高、供遠大於求使得房企加大去庫存化和調控逐步去行政化成為樓市正出現的兩大趨勢。在逆市之下，眾籌為房產銷售開創了全新的模式，尤其在互聯網時代，消費群體年輕化和消費方式多樣化使得樓盤的線上銷售更容易引發爭相追捧，一旦能夠獲得購房者的充分參與，資金必能得以快速回籠。

眾籌模式對於地產商來說，最大的好處是可以借「眾

籌」這種新概念或者是互聯網平臺的便捷性吸引來自社會各界人士的廣泛關注，尤其是在互聯網平臺的用戶註冊和登錄的過程中，會產生海量的使用者資料，通過對各類資料進行抓取和分析，地產商能夠精確定位，投放房源資訊給有實在需求的買房人，實現有針對性的行銷。這也是地產商聯手互聯網眾籌平臺的一個非常重要的原因。另外，互聯網平臺在未來還有可能承擔起虛擬售樓處的角色，將線下的展示廳搬到線上來，對開發商來說也節約了行銷成本，甚至省去了一大部分的廣告成本，可以實現行銷高效率和低成本的兼顧。

　　眾籌模式最大的特點即為資金的小額、分散。而房地產行業向來以大資金需求為導向，使眾多對房地產投資感興趣的中小投資者望而卻步。隨著近年來大眾投資需求的多元化，房產眾籌能夠較好地解決這一問題，使房地產投資化整為零，使小額、分散的資金投向房地產開發建設成為可能。

✎ 那些年，大佬們玩過的噱頭

　　房地產眾籌是典型的舶來品，中國地產商把他們玩出了花樣，加了各種噱頭之後，甚至有地產商打出眾籌產品

40%甚至50%超高收益。

先看一個典型的項目。地產商拿出一套房源作爲眾籌項目，假設該房源市價爲100萬元，眾籌目標金額爲50萬元，相當於市價的5折。達到籌資金額後，開發商將這套房子拿到網上拍賣，所有眾籌參與者均能參與拍賣，5折起拍。出價最高的投資者將獲得該套房源，最終成交金額與眾籌金額的差價部分，將分配給其他眾籌投資人。假設這套房源最終以70萬拍賣成功，那麼，20萬將作爲投資收益分配給其他投資人。以每籌金額1000元算，共計500籌，每籌獲利400元，收益率高達40%。

通常，開發商的宣傳口徑是諸如「不論是否買房都獲利，預期年化收益率不低於40%」，頗有吸引力。然而，這類高收益產品本身不是一個長期理財產品，其收益不可持續。另外，此類產品的高收益只是預期收益，高收益能否達到，取決於開發商能否推出價格優惠房源，同時也取決於拍賣價。

這類型的房地產眾籌就是一場炒作。開發商專門拿出一套低價房，把與市場價的差價所得直接分給若干個參與者，然後對外進行放大宣傳，以取得推廣的效果，回過頭來對其他房源銷售產生作用，和眾籌沒有一點關係。

另一類較吸引人的噱頭是標榜十幾元眾籌買房。去年「雙十一」遠洋地產在京東金融平臺上推出的11元獲得1.1折購房的抽取資格專案，當下也有不少開發商打出「15元湊份子買房」的眾籌。這類眾籌完成是行銷驅動，參與的投資人能買到房子的機率猶如中彩票一般。去年「雙十一」，遠洋地產某房產「眾籌」項目在京東金融上線，24小時內吸引接近18萬人參與，總金額超過1200萬元。而該眾籌項目僅含11套房源，以18萬人計算，抽中機率不到萬分之一。

✎ 產品設計大不同

在房地產眾籌的同一個概念下，衍生出不同的產品，由於產品設計不同，風險和收益也各不相同。

「穩賺1號」設計了萬達集團回購的條款，因此是一款類似保底收益的產品，但這款產品最大的硬傷是期限較長。

一家財富管理機構的CEO指出，互聯網用戶「小白」對時間很敏感，他們要考慮買房結婚養孩子，剩的錢不夠炒股，要麼投資流動性高的餘額寶，收益低但方便，要麼投資權益產品，因為它具有想像空間。期限較長的固定收

益產品，要有特別打動他們的地方，比如每3個月就安排有平臺做市轉讓。對此，萬達方面的應對是，3個月後將該產品放在快錢平臺上轉讓，以解決產品的流動性問題。

其他多數眾籌產品並不承諾保底收益。武漢綠地606第一期產品持有期限不得超過18個月，時間雖不長，但期限內並沒有退出機制，且不承諾保本保息，作為一款浮動收益產品，風險較大。對於如何保證眾籌的收益，武漢綠地方面的說法是，一方面依靠武漢綠地項目組給予這個眾籌計畫的價格折扣，一方面在於遠期這個樓盤會產生的增值溢價。

另一種眾籌方式眾籌建房也存在一定的風險。以碧桂園上海嘉定眾籌項目為例，在整個週期約18個月內，不保證收益。也許是說，到樓盤建成銷售時，每1平方米的價格可能低於眾籌價格，這部分風險由眾籌投資人承擔。

中歐創業營：微信＋眾籌的熱議

　　2014年1月19日，黃太吉創始人郝暢率先在微信朋友圈發表了題為《就用互聯網思維大鬧中歐》的文章，隨後，90後辣女馬佳佳、91助手開發者熊俊、易淘食張洋、雕爺牛腩孟醒等先鋒創業者們亦紛紛發文，為自己上中歐創業營集資募款。

　　2014年2月10日凌晨，有米傳媒陳第僅用短短三小時就成功募款11.8萬，徹底引爆移動創業圈、手遊圈對中歐創業營的關注，也引發了產業界對「微信眾籌」的熱議。

　　翻回這些文章，其內容或誠懇、或幽默、或激情、或理性，但殊途同歸地指向一個目的：籌夠11.8萬元的中歐學費！而有意思的是，要參加中歐課程的這些學員並非沒錢交學費，恰恰相反，他們大多都是時下中國身家最豐厚的先鋒創業者。

　　原來，「以互聯網思維上學」是中歐創業營創始人李善友教授（酷6網創始人）為學員進入中歐創業營而設下的第一道考驗。

✎ 眾籌大潮風靡全球

中國創業者接觸「眾籌」概念的時間還不長，這個詞被人津津樂道，似乎只是近一兩年的事情。而在國外，Kickstarter、Indiegogo等眾籌網站早已玩得風聲水起，說眾籌是一種「潮流」，一點也不爲過。

眾所周知，在中國，談及創業啓動、資金緊缺，人們的第一反應是找老爸、找投資方、找銀行……但在歐美發達國家，說到創業啓動、資金緊缺，創業者會在第一時間登陸眾籌網站。

兩者相較，中國創業專案融資失敗率高、起步時間長的必然性，已經可想而知。而這一現象，不僅反映出東西方創業觀念的差異，也顯現出資本市場對創新、創業的包容性區別。

實際上，無論是從發起者還是投資者的角度去考量，眾籌機制都是一個比傳統風險投資效率更高的方式。投資人能在最短時間內獲得資本升值，而發起者可以用最靈活的方式應對資金流瓶頸。在法律准許的前提下，這種創新方式，更有利於促進「零啓動資金」項目的首次創業。

2014年年初，由中歐創業營李善友教授一手策劃的跨

界連鎖眾籌案例，讓人們對眾籌在中國的發展期待有加。而產業人士指出：一旦普遍大眾逐漸認同這種投資手段，中國創業環境將得到極大改善。

想像這樣的場景：某天，你想開個小公司，於是把創業計畫書往網上一放，短短幾天，不僅資金湊齊了，連合夥人、員工都順便招募到位了……想想都令人興奮吧？可以預見，眾籌風潮的流行，將對整個創業圈及資本市場帶來巨大的衝擊。

✎ 微信：天生的眾籌平臺

眾所周知，微信從規劃之初，就是一款基於個人社交網路、以私密圈子為導向的社交產品。它研究最透的一個詞，就是「關係」。

由於具備較高的保密性和社交圈子的穩定性、精確性，用戶們置身於無數個「強歸屬感」的小圈子裏。可能很多人都有這樣的經歷：有些時候，在我們都不知道自己和某人有共同愛好、共同社交關係的時候，微信卻早已將二者歸為同類，並向彼此發出邀請了，這是一件很恐怖的事情——產品比你自己更瞭解你。

而這種對「圈子」的準確把握，恰恰是「微信」適合眾

籌平臺的核心競爭力。

產業分析人士指出，在微信之前，中國已經有幾個小有名氣的眾籌平臺，如點名時間、眾籌網、追夢網等等。

但人們必須面對的事實是：中國的眾籌創業者、極客們對平臺並不瞭解，首先從運營層面看，平臺推廣有問題；其次，網站上五花八門的眾籌資訊，令人看得眼花繚亂，卻找不到自己真正感興趣的選項，這是產品規劃和業務拓展的問題；此外，還有監管機制問題，如發起人資訊、專案真實性難以跟蹤等等。

因此，撇開創業環境不談，中國眾籌網站本身存在諸多的不完善──從社會、到企業、到個人，環環都掉鏈子，發展如何能不慢？

而將目光轉向微信打造的私密圈子，人們會發現：朋友圈裏刷出的，都是熟人的動態，自己的個人動態也只有熟人可以查看，這令網路水軍的數量降到了最低。

換言之，人與人之間的信任度、興趣匹配度、圈子契合度達到了最高。而這幾點，無一不是眾籌最關注的要素：相關性、興趣的一致性、資訊的真實性、專案的可跟蹤性。

更逆天的是，隨著微信支付的上線，其功能版塊「新

年紅包」、「AA收款」等，為籌資匯款提供了最為便捷的媒介支撐。

想像這樣一個場景：你年少時暗戀的小學同學，在微信朋友圈中發消息說準備辭職開公司，缺個幾萬塊要眾募。她把需求分成了一百份，每一份還倍兒便宜，橫豎不過幾百塊，那麼基於對老同學的情誼、衡量過金額高低且在支付方式如此便捷的條件下，你多半會給她包個「微信紅包」吧？

艱難轉型——如何規避眾籌誤區

任何創業都需要資金支援。如何獲得啟動資金也需要做出選擇：尋找合適的投資者、引導者，或者利用群眾的力量來推動創業的進行。

顯然我們更加偏愛後者；我們不僅能夠獲得足夠的投資來承擔初始階段生產運行所產生的費用，而且還能對實際客戶群體進行深入的瞭解。

我們必須要關注我們所能為潛在客戶提供的價值。這符合我們預想中的「高效」模型──我們不僅是在籌集資金，也是在試水。我們為市場調查傾盡全力，努力使市場訊息與環境相符合，並錄製相關視頻。我們已經準備好通過群眾的力量讓我們的理想成為現實。

然而在現實中，眾籌顯然也為我們敲響了警鐘。讓我們來看一看那些艱難轉型的眾籌網站。

✎ 點名時間：從眾籌夢想到智慧硬體的預售電商

點名時間一開始是一個眾籌網站，在這個平臺上支持者都會有所回報，這也是眾籌模式得以運轉的一大基礎，但在2周年之際，點名時間宣佈免去了傭金收費的商業模式，以希望能在短期內聚集更多的專案資源和優質用戶的資源。

而在經過不斷的嘗試中，點名時間逐漸將注意力放在了智慧硬體專案這一領域，並進而逐漸演變成了一個平臺。2014年8月，點名時間宣佈將轉型為「智能新品限時預售平臺」，將在專注做智慧硬體首發模式的同時，成為一家智慧硬體的預售電商，用限時預購模式打開toB和toC市場。從toB來講，點名時間向智慧硬體的生產廠

家，推薦首發的模式，點名時間累計擁有國外1000多家管道，還有點名時間500萬名用戶；從toC上來說，點名時間舊有的回報型眾籌將被預售取代，淘汰眾籌模式的原因是沒有辦法從字義上瞭解消費者是來投資，參與，還是預購。在點名時間預售期間，讓管道商家獲得3～5折的市場價，讓早期用戶用5～7折搶先體驗口碑擴散。

在點名時間創始人張佑看來，「眾籌模式下，你根本說不清楚你到底是媒體還是什麼角色，是站在消費者還是站在創業項目一方，而Kickstarer上聚集著一群理想主義者，他們對改變社會有偉大憧憬，在購買時感性因素超越了理性。但是中國用戶就不一樣了，他們更加理性，希望拿到的東西是可靠的，希望可以馬上拿到。因此這批用戶的心態很大程度上決定了專案成功的可能性。」

✎ 樂童音樂：經營情懷的線上音樂經紀人

樂童音樂是一家音樂領域的眾籌網站。樂童的初衷是希望它能同時滿足像Peter Brotzmann北京行這種現場活動以及獨立音樂人對籌資的需求，所以設計了更靈活的籌資模式。其中「普通模式」即我們熟知的Kickstarter模式；而在「預售模式」中，無論在設定時間內是否完成籌資目

標，專案發起者都將獲得所籌集到的資金，也需要提供承諾的相應回報給支持者。

一次偶然的嘗試，一個黑膠唱機的眾籌專案在樂童平臺上大獲成功。在這之後，很多做音樂相關的硬體產品眾籌專案紛紛找上門來，這類專案在樂童平臺的推薦裏也相應多了起來。在重點項目的篩選上，樂童音樂主要看兩點：一是藝人本身的影響力，二是項目本身的創意。樂童音樂合夥人相征表示：「眾籌是直接跟消費者產生關係的，要讓它變得很有趣味性、很好玩，除了藝人本身的影響力外，總要觸及某些情緒。而音樂眾籌說白了也是粉絲經濟，從頭到尾人更重要。」

很多音樂人不懂得怎樣行銷，甚至連電腦技術都不太瞭解，而且他們也沒有管道去接觸周邊的資源，想把自己的專案推廣開來也不容易。樂童希望搭建的不僅僅是一個籌集資金的平臺，還希望能為項目發起者提供除籌資以外的更多音樂資源整合。這不僅僅是資金層面上的，更是圍繞音樂服務做深層次的資源整合，包括演出、周邊產品、線上線下的專輯行銷等一系列的解決方案。樂童目前的主要盈利來自於服務費，金額則按照發起專案籌集所得款項的10%來收取。

樂童在創立後的一年裏，迎來了不錯的增長，註冊用戶從幾千增長到近5萬，但音樂眾籌的小眾卻決定了這個市場的容量。而獨立音樂人對服務的需求卻越來越大。基於這樣的背景，樂童決定開始轉型。以眾籌切入了音樂這個垂直領域，通過線上的方式幫音樂人解決傳統經紀人最核心的、關係到音樂人收入的幾項工作，成為線上的音樂經紀人。而音樂眾籌基本宣佈失敗。

✎ 夢800：眾籌導航的互聯網金融平臺路

　　夢800初期是希望能夠給用戶提供一個聚合多家眾籌項目的平臺，讓用戶可以一覽無遺地看到各大眾籌網站的專案資訊。眾籌網站每一個都有自己所擅長的領域，比如眾籌網屬於綜合性眾籌平臺，點名時間則側重於在科技領域的創業，市場上還沒有一個統一的平臺，能讓用戶更全面地看到所有的眾籌專案。

　　眾籌模式對應的無論是商品和內容類別回報，還是進階的股權類收益回報，與P2P對應的債權收益回報，可以很好地成為一個立體的投資組合，讓投資使用者群體做不同類型和不同風險等級的投資資產配置，從而在風險相對可控的情況下，達到收益最大化。基於眾籌與P2P的巨大

合作空間，夢800上線了一個P2P頻道。

隨著在P2P領域的深耕，夢800正式更名為網貸精選，轉型互聯網金融導航平臺，並已實現與多家P2P平臺同步的專案發佈系統，但其與眾籌無疑已經越走越遠。

✎ 摩點眾籌：遊戲練兵的發行前市場驗證夢

摩點眾籌開始聚焦在遊戲領域，其特點在於突破傳統眾籌融資模式，提出了分期眾籌。一方面讓專案發起者可以根據市場回饋，靈活設置不同階段的融資目標，從而提升融資成功率；另一方面也可靈活設置不同階段的回報內容，調整融資策略。對於用戶而言，不僅可瞭解專案總體融資情況，還能清晰把握每個階段融資情況，從而更理性做出投資決策。

在遊戲行業，創業者不只缺錢，有時還會很迷茫。產品開發到一定階段，對於產品的最終形態，他自己都有點不敢確定。用12個月做一個遊戲，在這一過程中，市場變化非常大，之前設計的東西，用戶還會不會喜歡，他們心裏沒底。當年產品立項對不對，他們心裏也沒底。上線後資料能跑成什麼樣，不知道。

手游一直沒有解決發行前的市場驗證問題，大量的遊

戲被盲目開發出來，投入市場，最後失敗的產品很多，造成了巨大的資源浪費。摩點眾籌希望提供除了籌錢功能，還為遊戲提供一個練兵場，使得創業者需要的——部分資金，測試市場，協力廠商管道合作，在投資人面前曝光這四方面都能滿足。

雖然遊戲眾籌在國外已經是非常成熟的模式，但在中國還是剛剛興起，中國做遊戲眾籌相比國外有諸多掣肘。在中國做遊戲眾籌還有一個致命的痛點，就是目前中國消費者大多熱衷於購買大批量生產的產品，對小團體做出來的個性化產品熱情還不夠。同時，消費者對還沒有成型的產品購買也比較謹慎。摩點眾籌的流量的用戶量級一定程度上也很難支撐市場驗證，現在的摩點眾籌已逐步擴散至遊戲周邊衍生物如動漫、電影、玩偶聯賽等產業鏈的項目，遊戲眾籌的故事可以說一定程度上無法再繼續講下去。

從這些公司的轉型中，我們可以學到一些事情，規避眾籌的幾個誤區。

誤區1 「眾籌平臺能夠為項目提供群支持」

你首先需要認識到的事實就是你需要自己把群眾帶來

支持你的專案。所有那些我們交談過的經驗老到的項目策劃者都告訴了我同一件事：與其說眾籌是在攬集新的客戶，不如說是在啟動已經存在的客戶群體。

許多專案都成功地啟動了已經存在的客戶群，比如一個聖經應用軟體，一個網站的重新設計和一個電影。如果你曾在 Kickstarter 做過項目，那麼就請為成功的「2.0 版本」做好準備：HiddenRadio 2 和 The BIG Turtle Shell 在之前的競選中啟動了客戶群體。在眾籌中，客戶群體完勝產品本身。

實際上，由於你的產品類型和市場不同，你會將自己的目標市場限制為那些對於眾籌有所瞭解（或者只是有點瞭解）的人，而這也許並不會對你產生巨大限制。那麼我們來做個試驗：隨機進行一次 Kickstarter 項目，然後查看一下支持者的名單，看看在「老顧客」中有多少是第一時間來支持你的。看看你都發現了什麼。

誤區2 「參加 Kickstarter 項目能讓你與眾不同」

眾籌現下十分流行。這對於擴大潛在客戶群體頗具益處，而且還能吸引更多項目來參與這股「眾籌淘金熱」。到目前為止，已經有 14.7 萬個專案在 Kickstarter 上

線，你認爲要想吸引眼前真是變得越來越難了。對於任何 Kickstarter 項目而言，讓人們看到你的項目才是最重要的。

然而，由於一些大型博客撰寫過一些有關眾籌業疲軟和恐懼詐騙的文章，現在獲得媒體關注已經變得愈發艱難。幾年之前，記者還願意寫出你的故事，而現在大多數記者更想在寫你之前就拿到範本原型。

誤區3 「眾籌只是一筆小額預算」

當你還在認爲眾籌是一個能在一分鐘內迅速籌集到一百萬美元的理想平臺時，現實卻是許多大型眾籌項目成功的背後也花費了巨額的資金。他們雇傭專業的攝影師，頂尖 PR 公司，豪擲上千美金製作網上廣告，而其中一些人甚至已經從投資者手中募集到了上百萬美元資金。所以那些在初始調研階段建立原型的開銷之大就更不用說了。當然，也有例外，有些人分文未出也獲得了巨大的成功，但是這簡直比中彩票還要困難。

✎ 建議

因此，在你啓動眾籌征程之前，我們希望以下幾個建議能夠幫助你規避以上風險，護你不受嘈雜干擾：

首先，**確認你的目標市場、客戶以及客戶群體的交集能夠在你的目標數量中佔有絕大多數**；如果你的大多數客戶完全不知道眾籌或眾籌平臺為何物，你就不好辦了。

其次，當你確定客戶交集足夠龐大以後，就去**為你的產品的早期使用者創造一個對於他們來說感召力極強的口號**。他們想變得與眾不同，成為市場中的另類人物，以及走在前沿的創新者：他們想要成為合作者，而不僅僅只是客戶而已。

請這樣對待他們：**和他們近距離接觸，詢問他們將會如何使用你的產品，傾聽他們的建議和想法，這些回饋可能就是你的無價之寶。**

現在，在專案之前開始你自己的專案吧。那就是在真正上線前預熱產品！在理想情況下，你應能在專案開始首日贏得所預期的30%至40%的支持者。舉例，Kittyo在項目開始的45分鐘內就達到了預期目標的100%，因為他們的預熱工作進行得十分充分。這一切並非單憑運氣，所以一切都要深思熟慮。

股權眾籌的四大核心難點

「不然我們公司的融資也用眾籌的方式吧,我覺得可以拿出一小部分試試。」一家互聯網金融平臺高管在一次閒談中如是說。

這樣曾經不敢想像的事情,自股權眾籌出現後似乎越發司空見慣。而股權眾籌也在「全民創業」的濃烈氛圍中獲得了高速發展,並帶來了潛力專案縮短曝光時間和成長時間的利好。不過,股權眾籌目前並未壯大,為什麼?

優質專案少,估值定價難,建立信任久,退出週期長。這不僅是股權眾籌的四大核心難點,也將成為眾多股權眾籌平臺從競爭中勝出的關鍵。

值得注意的是,相對於股權眾籌的蓬勃發展,相關法律規範處於滯後狀態,這也使得這一創新金融模式面臨權利義務模糊等諸多困擾。據悉,這一狀況將逐步改善,未來股權眾籌有望儘快走過粗放式生長階段,步入健康發展軌道。

互金領域除P2P之外,股權眾籌是解決融資難、融資

慢的另一有效管道，市場對此也有印證。目前，幾家標杆的眾籌平臺，項目方基本是有限責任公司。有限責任公司由於其自身的封閉性，導致其融資手段十分有限，採取股權眾籌方式，除了互聯網金融常件的資金池、非法集資等風險外，還隱藏著一些特殊的風險。

1.股東身分沒有直接體現

對於委託持股模式，眾籌股東的名字不會在工商登記裏體現出來，只會顯示實名股東的名字。儘管法律認可委託持股的合法性，但是還需要證明眾籌股東有委託過實名股東。這種委託關係，是眾籌股東和實名股東之間的內部約定。如果這種約定沒有書面檔，或者其他證據證明，眾籌公司和實名公司翻臉不認可眾籌股東的身分了，眾籌股東有口難辯，根本沒法證明「我就是這個公司的股東」，或者「他名下的股份其實是我的」。

對於持股平臺模式，眾籌股東與眾籌公司之間隔了一個持股平臺，眾籌公司股東名冊裏只有持股平臺，沒有眾籌股東。因此，眾籌股東與眾籌公司之間的關係非常間接，身分也相對隱晦，對眾籌公司幾乎無法產生直接的影響。

很多公司的全員持股計畫，實際上也是一種股權眾籌。但有的全員持股公司，如華爲，員工也僅持有一種所謂的「虛擬受限股」，可以獲得一定比例的分紅，以及虛擬股對應的公司淨資產增值部分，但沒有所有權、表決權，也不能轉讓和出售，股東身分更談不上有所體現。

2.股東無法參與公司經營

在很多眾籌項目中，眾籌股東雖然是公司股東，但是幾乎很難行使公司股東的權利，基本上都不太能親自參加股東會、參與股東會表決和投票。

從眾籌公司角度，如果每次股東會都有嘩啦啦幾十上百號人來參加，對協調和決策都會造成很大障礙。組織個有幾十上百人都參加的股東會將會非常艱難；在股東會召集前，提前確定可供討論的議題、哪些問題需要討論，也會因爲人多嘴雜，難以達成共識；好不容易組織起來股東會後，因爲七嘴八舌眾口難調，想要過半數通過任何表決都會困難重重。所以，眾籌股東都參與決策，會嚴重削弱公司決策效率。現實操作中，很多眾籌咖啡館都面臨過因爲「一人一句」決策權混亂而面臨散夥的窘境。

但是，如果不尊重眾籌股東的參與決策權，眾籌股東

的利益又很難得到保障。眾籌公司收了股東的錢，不為公司辦事，不好好經營，或者經營好了把公司資產挪為己有，這種做法也並不罕見。所以，不妨參照上市公司的做法，眾籌股東，至少要保證自己對眾籌公司的經營情況有知情權，眾籌公司也應當有非常完善的資訊披露、法律和審計等協力廠商監督的機制。同時，在必要的情況下，眾籌股東也最好有提議乃至表決罷免眾籌公司負責人的權利。

3.股東無法決定是否分紅

眾籌股東參與眾籌，很多時候是看中眾籌公司的盈利能力。為什麼現在大家願意參與眾籌？房地產投資已經不吃香了，股市誰都不敢進去，理財產品收益率比儲蓄高不了太多，P2P貸款也經常看到攜款跑路的消息。而股權眾籌，投資專案看得見、摸得著的，收益率也很可能更有保證。因此很多人願意參與股權眾籌，也非常期待公司分紅。

可是，《公司法》並未規定公司有稅後可分配利潤就必須分紅。利潤分配方案要股東會表決通過了，才會根據這個方案向股東分配紅利。如果股東會沒有表決通過，或

者股東會乾脆就不審議這個議題，即使公司賬上趴著大筆大筆的稅後利潤，眾籌股東也只能眼饞著，拿不到。眾籌公司完全可以以一句「稅後利潤要用於公司長期發展的再投資」，把眾籌股東推到千里之外。如果法律沒有規定強制分紅，那麼眾籌股東只能自己保護自己，最好要在公司章程中約定強制分紅條款，即如果有稅後可分配利潤，每年必須在指定的日期向眾籌股東分配。

4. 入股方式隨意化

上面說了三個風險，還是在股權眾籌操作相對規範情況下遇到的問題，至少眾籌公司、眾籌發起人還跟眾籌股東有協議、有協商。現實的股權眾籌中，發起人與眾籌股東存在或近或遠的親朋好友關係，操作起來常常會很不規範。

比如，有時候只是有朋友張羅說要股權眾籌，項目沒有看到、公司沒有看到、檔沒有看到，眾籌的款項就打到了發起人個人的銀行帳號裏了。這筆款，到底是什麼性質，誰都說不清楚。在法律上，可以理解為實物眾籌，發起人打算開發個智慧硬體，大家給他的錢，不是獲得他公司的股份，是預付給他的貨款，到時候召集人給眾籌股東

一個產品就算是了事。也可以理解爲借款，眾籌投資人借錢給發起人，到時候發起人還錢、頂多加點利息，但是眾籌投資人不是公司股東，公司估值再高、股權再值錢、再有多高的分紅，也跟眾籌投資人沒有半毛錢的關係。

　　眾籌股東在掏出錢之前，必須要先搞明白，給發起人的投資款，到底是獲得什麼，是股權嗎？如果是股權，代持協定/入股協定簽了嗎？股東投票權怎麼說的？分紅有保障嗎？這些東西都用法律檔明確下來了嗎？只有規範化了，才稍微有點保障。

眾籌成功以後的股權設計

　　眾籌，很容易出現「人人有股份」等於「人人沒股份」的現象，最終的結果可能是有好處的時候大家一塊兒分享，沒好處的時候大家各奔東西。

　　眾籌的本質是股東讓出一部分股份，通過股權來融資，那爲什麼叫眾籌而不叫吸引投資人來融資，比如風

投？眾籌和風投還是有區別的，風投無論是表面還是實質都是通過轉讓股權來融資的，而眾籌表面上看是轉讓股權，本質上卻是通過轉讓一部分的分紅權來融資，因為眾籌的股東太小、太散，他們對表決權並不是太在意，最多是要了一個參與權或知情權，所以和風投比，眾籌表面上是融資，背後更多的是融人、融關係、融資源、融背景，通過這種方式讓參與者有一種股東的感覺，讓他們部分地參與公司經營，從而調動他們的資源，促進公司和項目的發展。

✎ 眾籌容易產生的問題

眾籌，顧名思義就是有很多人融資進來共同做事。當一個項目有太多的人投資時就很容易出現股份高度分散的問題，當股份高度分散，就會出現人人有股份等於人人沒股份的現象，最終的結果就是有好處的時候大家一塊兒分享，沒好處的時候，遇到困難的時候大家就都各奔東西，比如武漢的CC美咖。股份的高度分散相應地還會帶來一些不良現象，就是股東們一起吃大鍋飯，都不幹活，或者小股東搭便車，「我啥也不管，光等著分錢就行了」，可以說是大多數參與者的心理寫照，因為參與眾籌的人大多

還各有自己的一攤子事情要做，倘若投了錢啥事不用管，不用操心，還能分紅，何樂而不為呢？所以眾籌很容易成為滋生人們「樂得偷懶」心理的一塊土壤。而且，當股份高度分散，沒有大股東的時候，也容易出現實際控制一個人說了算的情況，一個原因是上面說的大家都忙，沒有時間，還有一個原因是小股東們可能會因為投的錢也不多，一種愛面子的心理，掙錢多少都無所謂了，有點聽天由命的感覺，自動放棄了自己的權力，假如小股東們都是這樣的心理的話，公司就容易被一個人控制，成為內部實際控制人，也就容易導致眾籌專案的失敗。所以我們在考慮股權眾籌的時候，要盡可能地去規避上述這幾個問題，減少不必要的內耗和損失，讓眾籌專案走向成功。

✎ 眾籌的股權設計

　　眾籌的股權設計，最忌諱的就是股權高度分散，不管是成熟的還是新的項目，都要有幾個關鍵的大股東。如果是已經運行的項目，或者這個項目運行得很成熟了，最好要有一個控制人，讓這個控制人拿出一部分的股份，比如30%～40%，面向50～100個（或者更多）有能力的人融資，這樣的設計是比較合理的，因為這樣會有一個實際

的大股東。如果是新專案眾籌，需要有一個發起人，發起
人要占大股，比如30%～40%，其他人可以占到0.5%～1%
（最好的方式是折算成股數），這樣設計也可以，但是這裏
有一個問題，如果一個眾籌項目拿出30%～40%的股份去
向很多人融資，這個時候如果大家都互相不認識，一般情
況是沒有人願意出資的，所以可以找一個有影響力的領投
人，借用他的影響力，他可以多投一點，但是要比控股股
東的股份少得多，比如10%或8%，別人看領投人投了，自
然也會投，這是利用一個人的影響力來吸引別的投資者。
所以眾籌的股權設計基本上可以按照這三種模式來設計；
一種是一個大股東下面有無數個分散的小股東；一種是一
個發起人大股東和一個領投人，下面再跟一群小股東；一
種是有一個發起人大股東，下面有一群小股東。

持股方式怎麼設計

如果這麼多股東都進來了，我們的持股方式怎麼設
計呢？

第一個方式就是投資人直接進入，和原始股東有同樣
的地位，直接持股。根據中國現在的法律規定，股東直接
進入的話，如果是有限責任公司，不能超過50個股東，股

份公司不能超過200個股東。直接進入成爲公司的股東，最大的好處就是這些眾籌的參與者有真正的股東身分，但是不好的地方就是股東太多容易產生糾紛，一旦產生糾紛會影響公司的實際經營。

第二個方式是間接持股。間接持股就是參與眾籌的這些股東進到你的持股平臺裏，這種持股平臺通常是有限合夥制企業（領投人可以做GP），通過這個持股平臺然後再投到這家公司，這就是間接持股，這個方式也很好，間接持股的好處是這些股東是在另外一家公司持股，不直接成爲眾籌公司的股東，萬一有矛盾的話對這家眾籌公司不會有影響，不好的是這些股東不是直接股東，會影響做股東的感覺，在設計持股方式的時候這些都是可以綜合考慮的。

✎ 如何開展工作

當上述這些工作全部做到位之後，就面臨在一起怎麼開展工作的問題了，這就需要建立相應的規則，比如大事誰說了算。通常公司的大事，都是股東會說了算，公司重大決策的事由董事會說了算，要選幾個股東代表成立董事會，日常的經營一定要一個人說了算等。這樣把規則定

好了，大家一塊兒遵守、執行，相互配合，公司的經營就會慢慢有秩序，如果不這麼做，大家都想說了算，互相拆臺，不配合，也就誰說了都不算，徒增煩惱和內耗，最後把公司拖垮。

眾籌，讓心懷各自夢想的陌生人走到一起，也給了人們各種人性的考驗，真的搞懂眾籌的利與弊，搞懂眾籌成功以後需要做的事情，於人於己都將是利好。無論什麼時候，我們都不要感情用事、意氣用事，而是要用規則去約束所有人的行為，規則其實是一種理性的表現，是對所有人的一種保護。

現在社會上流傳的下面這段話也是很有道理的：「要盡可能地不把兄弟感情放到工作中去，把殘酷的一面放到制度中去，不要用兄弟感情去追求共同利益，把所有的感情都放到規則中去，不要期望你和別人一條心，合夥人都是有限的。」

輕鬆籌
——有夢想你就大膽地「說」出來

　　小板磚是成都的一幫大學生創立的項目，也是真正意義上的草根創業項目。團隊成員中，只有兩個有工作經驗，曾在日本一家公司上過班。在日本，他們發現酵素市場前景可觀，於是決定回國自己幹。但是啟動資金只夠前期做配方採購原材料，後期銷售酵素粉末所需的包裝盒費用沒有著落。而市面上做包裝盒的企業都是傳統企業，需要預付款才能開模生產。年輕的團隊決定使用眾籌的方法籌集資金。他們找到中國幾家比較有名氣的眾籌平臺，結果碰了一鼻子灰，人家對小板磚這樣的大學生草根創業項目不屑一顧。多次碰壁後，團隊後來在輕鬆籌平臺發起了眾籌。

　　小板磚專案用了股權眾籌和產品眾籌相結合的模式，通過眾籌既賣產品，又賣股份。股東只要花599元，既可以買到三盒酵素產品，還可以擁有小板磚0.1%的股權！（只限30份）其實小板磚賣的三盒產品，就相當於是送給股東的試用品。他們既借助了股東的力量做了產品傳播，同時又籌到了資金，可謂一箭雙雕。對於股東來說，既買到

了產品，又獲得了股權，也是很不錯的體驗。這種共贏的
思維，很受歡迎。

在輕鬆籌的平臺上，小板磚已經成為一個經典項目。
它只用了1天的時間，就籌到了37萬元，遠遠超出預定3萬
元的目標。更值得一提的是，經過幾個月的經營，目前30
個股東中有4個成為了酵素產品的區域代理。目前，小板
磚的二期融資正在進行。

在小板磚籌資成功的過程中，輕鬆籌平臺的價值究竟
體現在哪裏呢？輕鬆籌為小板磚做了哪些包裝？這裏面大
有文章。

◎基於大資料的精準分析

輕鬆籌是楊胤的第二次創業，也是她做天使投資時發
現的專案。早些年在互聯網最火的時候，她也曾創辦過一
家公司，但只做了8個月就被一家美國公司收購了。

在IDG前後工作過15年、最高做到副總裁的她，練就
了一雙慧眼。當2012年國外剛開始出現眾籌業的時候，楊
胤就感覺它將來會是創業的熱門方向。但是她同時也領悟
到眾籌最大的挑戰在於怎樣獲得陌生人的信任。尤其是當
項目只是有一個想法的早期階段，要獲得陌生人的支持還

是蠻難的。

「在中國做眾籌和美國完全不一樣，中國是關係式，很多項目都是從熟人開始的，像微信，就是從朋友圈開始做起來的。所以我們對輕鬆籌的最初定位就是朋友圈裏的小生意，就是希望幫助大多數人實現小夢想，」楊胤說，「為什麼叫輕鬆籌呢？因為標的不是很高，夢想也不是那麼遙遠，操作起來很容易。發起人只要把自己的夢想『說』清楚就OK。」

為了讓專案發起人清晰地描述自己的夢想，輕鬆籌平臺有一套模版，比如要幹的是一件什麼事，打算怎麼幹，籌多少錢，籌到錢之後具體用在哪兒……運行一段時間以來，楊胤發現大眾的奇思妙想真是令人嘆服，完全超出了自己的想像力。「我們也希望平臺以後除了普通大眾之外，能朝幫助小微企業投融資方向發展。」

截止到7月28日，輕鬆籌的註冊用戶超過60萬。隨著平臺使用者越來越多，輕鬆籌需要做的事情也很多。像風險控制、模式的設立、籌資時間等，都要給項目發起人做一些指導。比如對於一般的項目，籌資時間設定為7天就可以。楊胤介紹，定價以及配股都是有講究的。定高了，股東會猶豫要不要投，定低了自己吃虧。而要在7天時間內完成，這需要對市場有精準的判斷。

對輕鬆籌這樣的技術型平臺來說，能通過以往的資料積累找出規律，從而做出精準的資料分析。比如說開店，就有成型的模式可以套用，操作起來很容易。如果是全新的領域，就需要和專案發起人一起探討。可以說，基於大資料的積累做精準的分析，是輕鬆籌的核心競爭力之一。當然，對風險控制的標準和思維，是輕鬆籌未來需要著重發展的。

「我們是嚴格以互聯網金融企業的標準來要求自己，作為技術型平臺，我們設立了很多的規則，有長期做小微企業貸款的世界銀行給我們當顧問，幫我們理清小微企業風險評估。」楊胤說，「我們要保證投資人的利益，同時也要去發現小微企業的需求到底在什麼地方，只有幫到了小微企業，投資人才能夠獲得收益。這些我們都在一步一步往系統化方向推進。」

目前，輕鬆籌已經和全國14個省的30多家銀行簽訂了協作合同。

◎普通人的造夢空間

自上線以來，輕鬆籌平臺幫助很多人實現了夢想：比如10個月前，升登永發起的「古法炮製九蒸九曬黑芝麻大蜜丸」，目標籌資3萬元，實際籌資51798元，支持53次；

8個月前，康素發起的「寫爛詩畫爛畫」，目標籌資3萬元，實際籌資30231.96元，支持121次；2個月前，9173奇遊互動發起的「香龍三國」，目標籌資10萬元，實際籌資130860元，支持155次……

「我希望輕鬆籌平臺真的能夠幫助到很多有創業夢想的人，不是為了弄錢，而是希望做事情。」所以在輕鬆籌平臺上我們能看到很多公益項目。為什麼會有這麼多人願意在輕鬆籌平臺上發公益項目呢？楊胤解釋，就是因為輕鬆籌能讓普通老百姓參與進來，是真正幫助普通人的平臺。「坦率講，輕鬆籌平臺的項目失敗率更高一些，因為我們不做秀，不讓人刷單，我們是一個自主的狀態。」

專案要籌資成功，對夢想的表述方法是有一定技巧和經驗的。在語言表達方面，其實和目前流行的方式恰好相反。其他眾籌平臺靠的是流量，輕鬆籌靠的是用戶的社交關係。所以精美的圖片和煽情的語言成功率反而不高。真摯樸素的語言往往更能打動人，因為有人情味。「當你的夢想足夠真誠的話，一定能感動你的親戚、朋友和身邊的人。如果你的夢想不夠真誠，連你的親人朋友都不能感動，憑什麼感動陌生人呢？」

楊胤給記者介紹，西山學校有幾個中學生在輕鬆籌發的項目基本上個個成功。他們是學校的社團成員，因為搞

活動缺錢，所以就嘗試眾籌的方法，後來發現效果不錯，索性成立專門幫助各個社團籌資的社團。

圓了普通人的夢，輕鬆籌自己的夢想也就實現了。從盈利模式來看，傭金是一個方面。楊胤推算，如果一個企業按照30萬的融資規模來算的話，只要做到1萬個企業的體量，就有30個億。從30個億的融資額中，收取相應的服務費管理費，也是不錯的收益。「當達到一定的量以後，就一定會有盈利。」

此外，輕鬆籌正準備成立一支引導基金，當發現好專案之後，就會去投資這些項目。「如果將風險控制做得更好一些，投資管理做好一些，大家都受益的事情，沒道理做不大啊！」對於未來，楊胤信心十足。

輕鬆籌現在處於擴展期，IDG和同道資本都投資了。接下來，會做下一輪的融資工作。眾籌是個大市場，機會還是很多的，就看大家怎麼玩。

第七章

摸著石頭過河

——眾籌的法律風險與防範

眾籌風險分析

對股權眾籌平臺而言，風險管理是核心。政策未定，最大的難點在於風控。

✎ 眾籌機制不完善的風險

眾籌的出發點就是儘量拉近資金供求雙方的距離，減少各種仲介的作用。在理想狀態下，創業者無需應付複雜的金融條款和高昂的融資成本，投資者（消費者）可以根據自身的經濟實力、意願和喜好直接進行投資。

傳統的商品預售遵循合同法、消費者保護相關法律法規的要求。如果商品售賣者不能按期交付商品，或者交付的商品品質不合格，相關的賠償、退款和召回程序有明確的法律可依，消費者損失的只是時間成本。但在商品眾籌模式下，消費者的預付款兼具預購、投資和資助性質，一旦出現違約，如何挽回損失，是個懸而未決的問題。在法律適用方面，創業者、消費者和平臺的意見也不統一，因此當前商品眾籌的消費者保護處於模糊狀態。

　　而如果嚴格按照傳統商品預售的條款來要求商品眾籌，就會極大地增加創業者的成本，抑制其創新動力，失去了眾籌在降低交易成本、鼓勵創新方面的巨大價值。從客觀形態上，商品眾籌介於投資與預購之間，如何針對這種特殊形態提高資訊披露水準、警示消費者風險、督促創業者履約，需要平臺提供明確、合理的機制。這一機制的缺失，放大了消費者的風險，也導致平臺與創業者的道德風險。

　　在股權眾籌方面，情況更加複雜。傳統資本市場有一整套完整的程序來盡可能地說明消費者規避投資風險，如盡職調查、資訊披露、財務審計、股東大會等，由各種金融仲介輔助完成議價、定價、交易、股權流通等各個環節，減少投資人和企業之間的資訊不對等。

　　例如股票市場的IPO過程，承銷商承擔企業的盡職調查工作，會計師事務所對企業的真實財務情況進行梳理和審核，律師事務所確保所有合規性問題，最後承銷商與企業共同確定股票的發行價格區間，監管部門則對整個上市過程進行監管。即使是非公開發行，企業也需要對專業投資者公佈這些經過專業機構背書的財務、法律等核心資訊。如此苛刻的程序，主要目的就在於保護投資者，防範

各種風險。

在股權眾籌模式中，傳統金融市場的這一套的程序被壓縮和精簡，所有環節均通過投融資雙方的直接交流進行。投資者只能依賴自身的資訊管道和過往經驗做出風險與收益判斷。最簡單的例子是，股權眾籌項目具體的出讓金額和股權比例都由發起人單方面設定。即使眾籌平臺前期做出一定的調查和協調，例如確定商業計畫和發行價格，其中科學性和專業性仍值得懷疑。

投資者只擁有決定是否投資的權力，缺乏足夠的資訊獲取、風險判別和風險定價的能力，是股權眾籌的最大風險。美國的 JOBS 法案剛面世時就曾遭受質疑，原因就在於其中的某些條例（如放寬對企業的財務審計要求，允許營收額在10億以下的企業無需按《薩班斯法案》提交財報，企業可以採取秘密上市方式，在期限內無需公開上市申請資料等）被認為過於寬鬆，容易造成欺詐，缺乏投資者保護。

眾籌機制的不完善還體現於投後管理。創業投資是一種結合技術、管理與創業精神的特殊投資方式。投資人（消費者）的目標是追求特定條件（例如特定資金量、特定時間週期）下投資回報最大化，創業者追求的是自身效益最大化，兩者並不完全一致，導致雙方均可能存在道德風

險，例如投資人盲目追求回報而試圖殺雞取卵，創業者我行我素而罔顧投資方的利益。

在眾籌模式中，由於決策權不對稱和資訊不對稱，消費者處於弱勢地位，因而遭受道德風險侵害的可能性更大。尤其是在資金投入之後，如何約束創業者按照事先約定合理使用這些資金，並盡最大努力保證消費者的回報，需要相關的程序與制度安排，其核心是消費者、創業者與平臺共同設計一套有效的創業資本契約，通過適當的約束與激勵機制協調三者的共同利益，有效制約創業者的道德風險。

當前，許多眾籌平臺正積極改善投後管理，例如某些平臺會要求創業者在融資成功之後定期提交項目進展報告，包括具體的資金使用、日常產品開發、公司事務、人員變更等情況，部分平臺還會定期舉辦線下交流活動。一些股權眾籌平臺提供了股票託管服務，說明投資人處理相關的瑣碎事務，定期通報公司狀況等。領投人制度則指定專人監督、通報公司運營，甚至直接參與董事會。但總體而言，眾籌模式的投後管理還有很長的路要走。

傳統的投融資管理與消費者保護制度利弊互現，眾籌模式正是為了消除其中的弊端而進行的創新，其目標是更

加開放、平等和自由。由此導致新的問題並不出人意料，突出表現在消費者保護原則不清晰，手段不健全；資訊披露機制不夠健全、規範，消費者與創業者資訊不對稱；投後管理薄弱，創業者的道德風險難以有效制約。總結起來，就是一種新的融資方式已經創造出來，相應的運作制度還未完全跟上。

當然，用尚處於襁褓期的眾籌模式與成熟的傳統金融模式嚴格比較，並不完全合適，更不意味著互聯網眾籌弊大於利，因為後者經歷漫長的制度演變和歷次危機的試錯改進方才達到今日的成熟階段。但是，眾籌的發展亟需不斷完善自身機制，逐步降低消費者風險，增強消費者保護。在達到這一目標之前，消費者應有清醒的認識，理性對待眾籌投資，加強風險管理與自我保護意識。

✎ 眾籌專案的執行風險

項目延誤乃至失敗是眾籌平臺上最常出現的問題，由於眾籌專案的產品大多具有很高的創新性和獨特性，項目發起人往往因為個人經驗、技術基礎、生產工藝、生產經驗等客觀制約導致工期延誤，無法按期交貨。相對而言，這類問題由於受制於外部因素，對消費者的傷害較輕，消

費者也易於理解和接受。

較爲嚴重的情況出現在專案發起人因爲懶惰、不負責任等主觀原因導致的延期交貨或者濫竽充數──投資人拿到的產品與最初宣傳或者展示的樣品差距甚遠。這種情況與網路購物中出現的商品與描述不符非常相似，網購可以依靠擔保支付、差評、運費保險等來控制風險。而眾籌模式往往附有發起人可以修改設計或產品內容以最終實物爲準的條例，消費者的地位非常弱勢，面對此種情況往往無可奈何。

從機制上講，更爲嚴重的情況是難有可量化的規則來判斷一件產品究竟是出於主觀故意的粗製濫造還是受限於客觀條件而不得不做出的修正，所以眾籌平臺並無足夠手段保證投資者的滿意度。而眾籌模式缺乏合適的退出機制，沒有退款手段，甚至也不擁有天然的退貨權利，某些產品連售後服務或者維修等都無法保證，這更加劇了消費者的損失。

國外的眾籌網站都爲此採取了一些措施約束項目發起人。例如一些網站在籌資目標完成之後並不一次性的把資金交付給發起人，而是採取分期付款的方式，專案發起人必須在展示階段性的成果之後才能夠獲得下一期資金。

Kickstarter也曾為此修改網站規則，要求專案發起人必須強調風險和挑戰。但這些要求難以具化、落實，除了強調平臺的監督作用和對專案的前期調查之外，Kickstarter並無更好方案。最終的處理方式，還是不得不把判斷和鑒別的義務交給用戶，Kickstarter稱「用戶對上線專案享有最終決定權」，言外之意就是投資者要對自己的決定負責任。

中國的點名時間上也在網站上標注出「專案發起人有責任履行他們對專案所做的承諾。點名時間在專案上線之前會做細緻的實名審核，並且確保專案內容完整、可執行、不是天馬行空等，確定沒有違反專案準則和要求。」同樣，「點名時間無法保證項目發起人是否有完成項目的能力，也無法保證項目100%能執行。」點名時間規定「當專案無法執行時，專案發起人有責任和義務通過點名時間退款給大家。點名時間會在專案籌資成功後起到監督和督促的作用」。

但是，除非項目在無法執行時，資金還有餘額，把這些餘額按比例退給投資人尚有可能，而此時，往往大部分的資金損失已經造成，所退資金無非是對消費者的心理安慰。如果要求創業者全額退款，或者提供一定賠償擔保，

則又失去了眾籌鼓勵創新、支持創業的初衷，提高了融資成本，輕重之間的平衡殊難把握。

總體而言，專案因執行不力出現違約，既存在顯性成本，如專案發起人無法通過產品獲得更多收益；也存在隱性成本，例如下次再發起項目融資的難度會急劇增加。這些成本會對創業者形成一定的制約，但眾籌平臺專案跟蹤、管理能力的薄弱，難以儘早揭示執行風險，無法區分專案失敗的主觀原因，或者在項目失敗後束手無策，導致創業者的違約成本低，是眾籌模式面臨的突出問題，也是大量消費者不得不承受的主要風險。

✎ 眾籌平臺的道德風險

眾籌平臺的收入依賴於成功籌資的專案，因此它容易存在降低項目上線門檻、允許更多項目進入平臺進行募資的衝動。這種衝動在股權眾籌中更易滋生，因為股權眾籌的投資回報週期長，回報不確定性高，投資者自擔風險的宣示強。更嚴重的問題在於，眾籌平臺可能會疏於資料核實或盡職調查，導致錯誤資料誤導投資人。如果這種情況發生，投資人很難對平臺進行實質性的追償，因為舉證會非常困難，而要界定眾籌平臺是出於主觀故意還是客觀疏

忽，則更加困難。

從眾籌平臺的業務性質上講，它首先是資訊仲介。但是這一資訊仲介應掌握、核實、披露多少資訊並無嚴格規定。在創業者與平臺之間，平臺與投資者之間，均存在資訊不對稱，這些不對稱就造就了眾籌平臺道德風險的溫床。

目前對眾籌平臺的法律爭論集中於平臺地位與合法性問題，包括眾籌平臺的登記註冊等事項，對眾籌平臺的經營限制主要是不能在自己的平臺上為自己的項目融資（即「自融」），整體上缺乏非自融項目的運作細則，也沒有清晰界定眾籌平臺在一般項目上的責、權、利，因而並未消除眾籌平臺的道德風險。

事實上，眾籌平臺要維護兩方面的平衡，其一是項目準入門檻和分成收益之間的平衡，其二是項目發起者和投資者之間的利益平衡。前者決定著眾籌平臺的短期收益，後者決定著平臺的長期收益。目前並無既定規則限定眾籌平臺究竟應在多大程度上介入專案的標準制定和投融雙方之間的協調，但從長遠角度，非常有必要對眾籌平臺的基本商業模式做出一定的限制，設立一些約束性指標，避免平臺可能出現的、無視道德風險的過度自私衝動和利己行

為，並防止出現惡性競爭，導致逆向選擇。

　　眾籌網站從無到有，功能從簡單到逐步完善，歸結起來都是從最基本的消費者與投資者需求出發，以商業利益為訴求，自然而然發展起來的。平臺的約束和管理尚處於基於商業倫理的自發階段。眾籌行業的發展必然會催生更多眾籌平臺，不規範平臺、事件的出現無法避免。如果放任自流，消費者的利益必然受到嚴重損害，進而導致整個眾籌行業的形象與利益受損。

✎ 投資者維權難的風險

　　投資者權益保護是一個體系性的問題，在以上的機制風險、專案風險和道德風險部分都有所涉及。除此之外，眾籌模式下投資者權益保護的棘手之處在於損失的認定、舉證、計算與追償都比較困難，因而維權成本高昂，投資者有不易維權的風險。

　　以股票市場作為對比，股票市場本著「風險自負」的原則對普通百姓全面開放，但由於相關程序、規定極為嚴格，資料保存與資訊披露制度相當完善。因此無論上市公司還是股票交易所出現違法、違規行為，導致投資者出現損失，認定與舉證相對容易，損失的計算與追償大多可依

照法律法規直接進行辦理。而對於股權眾籌來說，如上文所述，幾乎不存在財務審核、資訊披露的規範，想對損失進行舉證非常困難，後續的損失計算與追償更加困難。

再以商品眾籌為例，項目失敗是大機率事件，但項目失敗本身並不是對投資者權益的侵害。真正損害投資者的行為來自兩個方面，第一是項目發起人故意做出誤導性宣傳，項目風險提示不足；第二是專案發起人自我認識不足，過分樂觀或過度承諾（overpromised）。二者之間的界限很難區分，而通過各種交流機制，判斷項目發起人或者團隊的實力是否有可能完成項目，本身就是眾籌投資者的職責，是投資能力和投資技巧的門檻。這種情況導致，即使出現創業者的主觀惡意，平臺也往往歸咎於投資者的能力不足。既然損失認定都難以成立，後續的舉證、估算和追償只能是無本之木，投資者也只好自認倒楣。

至於性質惡劣的詐騙行為——主要表現為編造身分，虛構各種材料和證明文件，乃至偽造不存在的產品與設備等，在眾籌平臺上還比較罕見。

Kickstarter 平臺比較典型的案例是一個名為「Mythic：The Story of Godsand Men（神話：神與人的故事）」線上遊戲項目。專案發起人聲稱他們的團隊「Little Monster

Productions（小怪物製作）」是好萊塢最富有經驗的12個開發團隊之一。該專案的募資頁面寫著「我們的團隊在World of Warcraft系列和Dablo 2的開發中有過大量的工作經驗」。但這個項目很快被揭穿是一個徹徹底底的抄襲行為，支持者回報中的內容完全從Kickstarter上的另外一個專案複製過來，甚至頁面中開發團隊的辦公室也是另外一個遊戲開發團隊Burton Design Group的。專案籌資目標是8萬美元，在獲得4739美元的支持之後，Kickstarter移除了該項目。

這一詐騙事件幸被及時發現，未導致投資者的直接經濟損失。如果在項目籌資成功、「創業者」資金到手之後，人們才發現這是一起詐騙事件，如何進行追償，是一個值得深思的話題。因為詐騙者可偽造所有資料，連身處何方都難以確定，抓獲成本很高，可能曠日持久，而眾籌平臺又沒有相應的保險、預先賠付機制，投資者是否能追回損失很難確定。

而對於詐騙性質沒有這麼明顯的案例，如果需要投資者與專案發起人對簿公堂，涉案金額小，每個投資者的投資額更低，又要承擔案件花費和起訴失敗的風險，投資者是否有足夠的動力和精力、金錢去打這樣的官司，也值得

懷疑。因此，種種因素制約之下，眾籌投資者的維權難將
是一個客觀現實，同樣提升了投資者的風險。

　　在投資者之外，甚至創業者都可能遭受詐騙風險。

　　例如2013年11月，一家關注眾籌行業的資訊網站
Crowdfund Insider稱，Kickstarter上的某個支持者投資了超
過150個項目，項目發貨之後，該支持者通過撤銷信用卡
交易撤回了這些投資。通過這種方式，支持者在未付出
任何成本的情況下得到了大量「預購」的商品。這種手法
實質上是信用卡詐騙，導致超過150個專案受到影響，金
額可能達到10萬美元以上。Kickstarter官方尚未證實這一
事件，很多專案發起人卻借機在論壇上公開表示他們對
Kickstarter的不滿，認爲正是Kickstarter流程上的失誤給詐
騙造成可乘之機。

　　類似的流程紕漏將會隨眾籌平臺、專案數目的增加而
逐漸顯現，也可能會隨著平臺監管與規則的逐步完善而趨
於平穩。歸根結底，對消費者權益的有效保障是一個長期
過程，是行業逐步成熟和趨於完備的必經之路。上述消費
者的各種風險不容忽視，有賴眾籌平臺和監管部門共同對
待、認真探索。

股權眾籌在不同運行階段的風險

✎ 審核階段

對於發起人專案資訊的真實性與專業性，眾籌平臺在審核過程並沒有專業評估機構的證實，專案發起人和眾籌平臺間具有的利益關係（眾籌平臺在發起人籌資成功後，從其所籌資金收取一定比率的傭金），很可能使其審核不具有顯著的公正性。眾籌平臺在其服務協定中常設定了審核的免責條款，即不對專案的資訊真實性、可靠性負責。平臺項目審核這一環節實質上並沒有降低投資人的風險，投資人由於事前審查，很可能需要花費大量的成本以降低合同欺詐的風險。

中國法律對非法集資的認定為：未經部門批准或借合法經營為由，通過媒介向社會公眾（不特定對象）宣傳，承諾未來給予一定的實物、貨幣、股權等作為回報的籌集資金的方式。股權眾籌是借助互聯網平臺通過買賣股份實現投融資的過程，若要符合法律法規，需要解決「不特定性」問題。由於互聯網的公開性和交互性，使得股權眾籌

期初面臨的投資者總是不特定的，為了不觸及法律紅線，眾籌平臺必須通過一系列的實名認證、投資資格認證等方式將不特定的投資者轉化為特定的具有一定資質條件的投資者。

專案展示與宣傳階段

項目發起人為獲得投資者的支持，需在平臺上充分展示專案創意及可行性。但這些項目大都未申請專利權，故不受智慧財產權相關法律保護。同時在眾籌平臺上幾個月的項目展示期也增加了項目方案被山寨的風險。

專案評估階段

專案的直接發起者掌握有關專案充分的資訊以及專案可能的風險，為了能順利進行籌資，其可能會提供不實資訊或隱瞞部分風險，向投資者展示「完美」資訊，誤導投資者的評估與決策。專案發起者與投資者資訊不對稱導致投資者對項目的評估不準確。

專案執行階段

眾籌平臺歸集投資人資金形成資金池後，可能在投資

人不知情的情況下轉移資金池中的資金或挪作他用，可能
導致集資詐騙罪等。眾籌平臺一般沒有取得支付業務許可
證，但一些平臺卻充當支付仲介的角色，違背「未經中國
人銀行許可，任何非金融機構和個人不得從事或變相從事
支付業務」的法律法規。

　　項目發起者在募集資金後，可能沒有兌現項目承諾，
甚至將資金挪作他用，平臺投後管理不足導致投資者資金
損失；發起人獲得籌資後，資金的用途、流向若無法得到
投資者的有效控制或發起人對資金的使用不受法律約束，
也將導致投資者資金損失。

　　眾籌項目有一部分技術處於開發階段或技術試驗階
段，如果研發生產出來的產品無法達到預期的功能，或者
產品的瑕疵多，專案的投資者將會蒙受損失。現代知識更
新加速，新技術的生命週期縮短，若一項技術或產品被另
一項更新的技術或產品所替代，或者實力雄厚的企業率先
研發生產出類似產品，發起人的專案價值將大為下降，投
資者也有可能面臨損失。

　　發起人自身綜合素質有限，未能很好地落實專案方
案，導致項目經營失敗；投資者在對項目監管過程中，與
發起人溝通不暢，阻礙了項目的正常經營。

✎ 股權眾籌投資的風險來源

如果每個人都參與股權投資，將會是一件非常危險的行為。如果投資人沒有專業的能力和充分的退出機會，那麼股權眾籌投資和賭博沒有本質的區別。這是因為，一方面，投資人需要有足夠的專業能力在投資前深入調查眾籌企業、在投資後監管眾籌企業。另一方面，如果投資人很難有途徑出售手中的股權，那麼他便沒有機會退出變現。

1.專業能力不足

通常，初創企業的資金一般來自三個方面：自有資金（包括家人朋友提供的資金）、天使投資人、風險投資。現在股權眾籌提供了第四種資金來源。股權眾籌和天使投資、風險投資一樣，都是創業者和創業企業的外部資金。但是，正如沃頓商學院教授LukeTaylor所認為的，股權眾籌導致了投資人的普遍化，一般情況下，比起專業的風險投資人或天使投資人，普通人沒有足夠的能力從壞公司中篩選出好公司。

2.退出管道匱乏

股權眾籌投資人的投資回報，可能有分紅、併購、

IPO上市三種形式。

（1）分紅：眾籌企業如果有利潤，而且公司決定分紅，那麼眾籌股東可以根據持股比例得到一定的分紅。

（2）併購：眾籌企業被其他公司併購，比如股權或者核心資產被另外一個公司收購，眾籌股東可以根據其持股分享到收購的價款。

（3）上市：眾籌企業如果成功地上市，那麼眾籌股東就可以在公開證券市場上出售自己持有的公司股票。

對於分紅，一方面，眾籌股東持股比例通常非常低，可獲得的分紅也會非常少；另一方面，初創企業的利潤又往往相當微薄，甚至長期不盈利，乃至虧損，分紅的投資回報也就成了鏡中花。

對於併購和上市，絕大部分初創企業都會在五年內垮掉，能成功被併購和上市的是極少數。在歐洲，2012年只有15%風險投資通過併購實現了退出；通過IPO退出的機率更低，只有5%。併購和IPO對於眾籌投資人來說，很可能也只是水中月。

股權眾籌的風險管理與控制

　　一個完整的股權眾籌項目，在各個階段都可能存在對眾籌投資人不利的情況。必須在各個階段，都要加強對股權眾籌專案的風險管理與控制。

考察眾籌企業

　　投資前對企業進行盡職調查，是確保投資回報的一個重要因素。有報告表明，盡職調查時間在20小時以上的投資項目，其投資回報會高於盡職調查時間不足於此的投資項目。在投資一家企業之前，風險投資人或專業的天使投資人一般都會對企業進行盡職調查。這種盡職調查可能需要相對較長的一段時間，也需要花費一定的成本。但是眾籌投資往往沒有真正意義上的盡職調查。

　　眾籌投資人本人，大部分也都不是專業的投資人，不具備正確評估一家公司的專業能力。如果聘請協力廠商進行盡職調查的話，由於眾籌投資人的投資金額一般比較小，也不太可能承擔得起這樣的成本。

此外，眾籌投資人在考察投資對象時，可能會受到社會潮流和羊群效應的影響，盲目跟從其他人的投資決策。而且，在實踐中，無論是投資人還是眾籌企業，都會存在盲目高估投資回報和企業前景的心理傾向。

對股權眾籌融資項目進行估值

眾籌企業準備進行股權眾籌融資時，對其市場價值的評估通常是企業自己確定的。眾籌企業一般傾向於抬高自己的估值。但很多時候，眾籌企業擁有的只是一個商業計畫書，甚至僅僅一個創業點子，而這些本身是不值錢的。

眾籌投資人投資金額不大、缺乏議價能力，且投資人人數眾多、難以協調一致行動，因此眾籌投資人通常不太善於與眾籌企業協商估值問題。如果對企業沒有正確的估值，那麼即使企業發展成功了，投資人也很可能得不到預想的投資回報。

在投資協定中設定投資人利益保護條款

由於初創企業具有極高的投資風險，在專業人士或風險投資人簽署的投資協定中，必須學會設定保護投資人利益的條款。比如，對賭條款、反稀釋條款、優先權條款、

跟隨權、回購權等。股權眾籌投資時，投資人簽署的投資協定，要麼是眾籌平臺統一提供的範本，要麼是眾籌企業提供的格式合同，前述投資人保護性條款很可能不會出現在股權眾籌的投資協定中。

✎ 投資後的監督和管理

天使投資人和風險投資人對創業企業的作用，不僅是投入資金，還會提供資源，包括積極幫助企業改善管理、開拓市場、提升企業價值，從而使其投資增值。眾籌投資人可能也會對企業提供這樣的支持，但是通常其支持的力度會遠遠小於專業的投資人。原因在於：一方面，由於各個眾籌投資人的投資金額不大，其很可能沒有積極性參與為眾籌企業提供資源。即使企業因某個投資人的幫助提升了價值，平攤到這個投資人身上投資回報也並不多；另一方面，如果太多投資人積極參與，那麼對於小型企業來說，去協調和管理一大堆熱情高漲的投資人，也是一件非常麻煩的事情，還很可能耗盡了企業絕大部分的精力和成本。

此外，投資後管理中也存在非常嚴重的資訊不對稱，這也限制了投資人參與監督管理的可能性。公司法雖然賦

予了股東知情權，但是這些知情權都局限在非常寬泛的事項上，如財務報告和帳簿，股東會、董事會決議等，眾籌股東幾乎不太可能有機會瞭解和參與企業的日常經營。實際上，即使眾籌股東掌握到足夠的資訊，他也可能沒有專業能力去辨識其中的經營風險。與之相對應的，天使投資人和風險投資人很可能會在企業中擁有董事會席位，有的天使投資人還積極參與到初創企業的經營活動中來。這種資訊不對稱，造成了眾籌投資人幾乎無法監管企業。

最後，股權眾籌也缺乏必要的信用體系。如果是網購，由於存在信用評級系統，店家會很注意自己的行為，盡可能遵守基本的商業道德，以保持一定的信用等級，從而有利於長期的商業交易活動。但是股權眾籌則往往是一錘子買賣、偶然性交易，通常一個眾籌企業或者一個眾籌發起人，只會有一次眾籌行為，因此其很可能沒有足夠的動力和遠見來約束自己的行為。此外也沒有一個合適的平臺為眾籌企業建立相應的信用機制。

建立良好的退出機制

即使企業順利實現了併購或IPO，在這之前往往都需要經歷很長的一段時間，比如企業做到IPO很可能需要5

～10年乃至更久。而眾籌投資人通常很可能沒有意識到，股權眾籌投資實際上是一種長期性投資。更何況，其中大部分投資是無法收回回報的。在這麼漫長的時間裏，眾籌投資人對企業還缺乏有效地監管，這導致獲得投資回報的可能性將進一步更低。

　　眾籌投資人的投資不僅具有長期性，還具有低流動性的特點。眾籌企業不是上市公司，其股權無法公開、自由地買賣。眾籌企業的經營資訊不公開，市場價值無法有效評估，因此眾籌投資人很難找到願意接盤的人；即使找到了，如果沒有完善的股權交易系統，那麼每個投資人都頻繁地進行股權交易，企業將會被這些事務占去太多的精力，以至於影響經營。

　　相比之下，天使投資人和風險投資人在進入企業時，已經以退出為核心建立了完整的投資策略，比如，通過對賭機制確保必要時股權回購，在後續輪融資時轉讓部分股權，積極推動企業被併購或上市。這些都是眾籌投資人無法做到的。

歐盟各國監管制度

　　面對眾籌市場中的潛在問題，各國在眾籌監管制度方面的進程和態度並不一致。一些國家迅速出臺或修改法律文件，積極監管，儘量減少規則的模糊性，以義大利、法國為代表；而一些國家則採取觀望態度，沒有進行主動監管，主要依靠現有規則進行調整，以德國為代表。

　　各國對眾籌存在不同態度可能存在兩方面背景原因：一方面，各國眾籌市場的發展水準極不均衡。根據歐洲眾籌聯合網（ECN）的統計，一些資本市場活躍的國家，如法國、德國和英國等，無論是在平臺數量、眾籌模式還是專案規模方面發展都十分迅速，眾籌已成為金融市場的重要組成部分；而一些國家則根本沒有任何眾籌平臺，如克羅埃西亞、立陶宛、盧森堡、斯洛伐克和斯洛維尼亞，一些國家只有捐贈或獎勵類眾籌，如匈牙利和拉脫維亞，眾籌與投資或金融基本無關。另一方面，由於各國經濟發展情況存在差距，作為眾籌重要參與者的小微企業發展問題在不同國家的緊迫性不同，因而對眾籌重要性的認識也不

同。根據歐洲中央銀行（ECB）的調查報告，「難以尋找客戶」和「難以融資」是歐洲小微企業面臨的兩大難題，然而其困難程度在不同國家十分不同。希臘、西班牙、義大利等國20%～30%的小微企業面臨「客源難」的問題，50%～60%面臨「融資難」的問題，而在德國，這兩個資料分別為8%和30%，顯然前者各國對為小微企業尋找助力的需求更加緊迫，眾籌作為解決這一問題的重要途徑因而得到了政府的極大重視。因此，由於各國的眾籌發展水準不一，眾籌需求也不一，所以各國對眾籌市場的監管動力、出發點和措施也各有不同。但是，從整體上看，各國基本都在歐盟現行金融和投資法律框架下，對眾籌活動和服務所涉及的問題分模式進行監管。

1.捐贈或獎勵模式

根據是否涉及金融監管，將捐贈或獎勵模式與借貸和股權模式區別對待。捐贈或獎勵模式的眾籌具有捐助性質，投資者實際上並非為了自己的利益而投資，因而其籌資活動不被視作集體投資行為，所籌資金也不被視作一種投資基金，因此一般不會落入銀行法或金融服務法的調整範圍。

但一些國家對捐贈類眾籌有特別限制，主要根據捐贈法對專案的非營利性和捐贈的自願無償進行規制。例如，捷克有獎勵類眾籌平臺，但沒有純捐贈類平臺，因為公眾募捐活動嚴格受到《公眾募捐法》的約束：一方面，公眾募捐只能針對法定的公益目的，如人道、慈善、教育、體育、文化保護、遺產保護、環境等；另一方面，此類活動必須向地方政府申請批准，並且募資後必須定期向政府報告帳本和用資情況。斯洛伐克等國也有類似的APC法。而在芬蘭，根據《公共籌款法》的規定，募捐活動的發起人有特別的資格限制，必須是在芬蘭註冊的組織，一般自然人不可，而且發起前必須獲得政府的許可。此外，有關匯款服務等問題是各類眾籌平臺共同存在問題，將在下文統一分析。

2.借貸模式和股權模式

對於涉及金融監管的借貸模式和股權模式，監管焦點在於金融或投資服務監管和銀行業務許可兩大方面。前者包括與平臺所提供的服務性質有關的註冊制度、項目發起人的說明書義務，後者包括消費信貸、借貸服務、平臺暫儲資金和匯款服務等信用機構或銀行專有業務的許可

制度。

　　第一方面，金融服務監管問題一般由各國金融服務主管部門負責，依據爲歐盟《投資服務指令》、《金融工具市場指令》和《說明書指令》及其各國轉化後相應的中國法。一方面，金融服務主管部門負責對平臺所提供的服務性質進行認定，決定平臺是需要註冊還是予以豁免。股權和債券都屬於「金融工具」，提供對這些金融工具進行投資的核心服務的主體構成「投資公司」，需要取得相應牌照。其中，核心服務主要包括接受或傳達金融工具的交易指令、代表客戶執行指令、提供投資建議等，而提供這些特定服務之外的輔助性服務的主體可以構成《金融工具市場指令》第3條規定的任意豁免，由成員國自主決定。因此，提供股權眾籌和提供P2B借貸的平臺都可能落入「投資公司」的範疇，關鍵在於平臺的服務屬於核心服務還是輔助性服務，這就取決於主管部門的認定。目前，各國金融主管部門主要有三種做法：

　　（1）大多數國家暫無明確認定，如奧地利、比利時和丹麥等，實踐中傾向於對涉核心服務的股權眾籌平臺嚴格採取牌照制度，借貸平臺鮮有被認定爲「投資公司」的情況。

（2）一些國家明確規定了註冊與豁免的界限，如德國聯邦金融監管局BaFin規定平臺須進行註冊，但投資經紀和合同經紀商可以豁免義務；又如英國金融行爲監管局FCA規定平臺須進行註冊，但從事明確規定的「受監管活動」之外的平臺可以獲得豁免。

（3）個別國家對眾籌平臺專門規定了一種新的註冊制度。如義大利於2012年12月17日通過了《第221/2012號成長法令II》，規定允許一種新類型的公司——創新初創企業線上融資，並規定唯一合法平臺是符合一定設立條件並向義大利證券交易委員會CONSOB註冊爲「門戶」（Portal）的網站，即所謂的股權眾籌平臺。

2013年6月，CONSOB根據法令，發佈了名爲《關於創新初創企業通過網路門戶籌集風險資本的規定》的實施條例，制定了一份獨立的「門戶」註冊登記表，明確了「門戶」的註冊標準和服務範圍，並規定了門戶的負責人「門戶經理」（Manager）在經營中所負的相應義務。

又如法國於10月1日生效的《參與性融資條例》創制了兩類新型的牌照，一類是從事股權眾籌的平臺，應註冊爲「參與性投資顧問」（CIP），另一類從事借貸和捐贈類的眾籌平臺則註冊爲「參與性融資仲介」（IFP）。此外，

對於那些提供交易市場的眾籌平臺，則須按照《金融工具市場指令》的規定，註冊為提供電子化、網路化證券交易的多邊交易設施（MTF），如奧地利和德國的一些股權眾籌平臺。

同時，金融服務主管部門負責對專案發起人履行說明書義務進行監督。根據《說明書指令》，對於包括一般債務工具在內所有類型的投資工具發行，發行人負有發佈說明書的義務，並對義務和豁免規定了最低標準。其中，發行500萬歐以上的發行人必須履行說明書義務，發行10萬歐以下的一律予以豁免，而數額在兩者之間的發行可由各國自行規定豁免標準。據此，借貸和股權眾籌專案的發起人都可能負有說明書義務，在這方面受到主管部門監管。

目前，大部分國家採取歐盟法的一般豁免標準，即對於一個發起人，若12個月內其融資總額不超過10萬歐元，則免除說明書義務。少數國家提高了享受豁免的上限，降低了小規模融資的成本，對小微企業起到鼓勵作用，如奧地利將豁免上限設為25萬歐元，芬蘭150萬歐元，荷蘭和瑞典為250萬歐元，而英國和義大利則直接將上限提高至500萬歐元。同時，一些國家還對不超過一定數量物件的發行予以豁免，如比利時規定一個項目只面

向每個成員國不超過150個自然人或法人發行時可免於義務，法國規定只面向合格投資者和其他不超過149個普通投資者的項目可免於義務。此外，一些國家還對特定模式的發行予以豁免，如德國規定，對發行後償債務的借貸型專案予以豁免，西班牙則對「聯合帳戶」模式的借貸眾籌予以豁免。

第二方面又可分為兩個小問題，一是借貸模式可能涉及銀行專有業務許可問題，二是對所有眾籌平臺的暫儲資金和轉帳服務的監管。

對於借貸模式，根據借款人即發起人的性質，可以分為自然人借貸P2P和企業借貸P2B兩種，其中P2B一般歸為企業發行債券，屬於上述金融服務主管部門的監管範圍，而P2P則涉及消費信貸。

根據歐盟《消費者信貸指令》及其各國中國轉化法，提供消費信貸服務的主體一般須是具備相應牌照的銀行或信用機構，因此，目前大部分歐盟國家都規定從事個人非經營性貸款的眾籌平臺應當取得信貸牌照，如比利時、匈牙利、荷蘭和義大利等國。而在平臺運營方面，根據歐盟《支付服務指令》及其各國中國轉化法，投資者向發起人所支付資金的轉帳構成「匯款服務」，因而，如果平臺自

身提供此類服務就需要取得許可，或選擇與具有支付牌照的機構合作，由該協力廠商執行。

目前，各國對於平臺的匯款服務主要採取四種態度：一是比利時、丹麥、捷克、荷蘭、希臘、法國等國都表示需要取得央行發放的支付牌照，但法國即將生效的眾籌法令將對此進行豁免。而在德國，平臺的支付服務只需獲得德國聯邦金融監管局BaFin的許可即可。

二是有一些國家認為，根據歐盟《商務代理指令》，平臺提供說明投資者向發起人支付投資款的服務可能落入「商務代理」的範圍，從而免於申領支付牌照，如芬蘭和葡萄牙。

三是極少數國家認為平臺的這一服務不構成匯款服務，無需進行監管，如西班牙。

四是有國家規定眾籌平臺上的匯款程序應當與持有相應牌照的協力廠商合作，如奧地利。

總體看來，雖然各國對於眾籌問題的監管尚未得出完全明確的結論，但通過對不同眾籌模式的分類，可以進行有針對性的監管。但值得注意的是，歐盟不同國家間的監管主體並非完全一一對應，監管責任如何分工存在問題。如捷克負責對眾籌進行金融服務監管的部門是央

行，德國對眾籌平臺匯款問題的監管主體在金融管理局BaFin，而奧地利和英國對眾籌問題則統一由金融服務主管部門FSMA和FCA進行管理。行政部門架構的不同，可能會對將來在歐盟層面統一眾籌監管標準帶來一些組織上的障礙。

眾籌活動在歐盟各成員國中發展迅速、形式多樣，而基於歐盟的「單一市場」，成員國之間的合作和跨境業務將越來越密切，眾籌進一步在歐盟層面壯大規模是大勢所趨，因而存在統一監管標準的必要。縱觀歐盟各國，監管的焦點主要在於涉及金融和投資服務的眾籌活動。

目前，除了義法兩國已經制定了專門法律外，大多數國家仍在現有法律制度中尋求依據，對於如何對眾籌活動和眾籌平臺進行專門監管暫無共識。不同國家監管制度和思路的不統一，給歐盟立法者提出了在歐盟層面統一標準的難題。

歐盟委員會曾於2013年底對整個歐盟眾籌市場及監管措施進行調研，得出了各國監管標準碎片化的結論。基於調研，歐委會成立了「歐洲眾籌參與者論壇」的高級專家組，目前已有40個成員，包括15個成員國的政府部門和15個社會組織，包括企業、平臺、行業組織和消費者保護組

織等，專門提供資訊諮詢和立法建議。

股權眾籌涉及到的法律風險

　　由於目前國家層面以及地方政府層面都沒有制定股權眾籌的法律法規及規範性文件，一切都是「摸著石頭過河」，作為一種新興的互聯網金融業態，涉及的法律風險主要是股權眾籌過程中的合法性以及投資人的利益保護問題。

1.股權眾籌過程中的合法性

　　《中華人民共和國證券法》第十條規定：「公開發行證券，必須符合法律、行政法規規定的條件，並依法報經國務院證券監督管理機構或者國務院授權的部門核准；未經依法核准，任何單位和個人不得公開發行證券。有下列情形之一的，為公開發行：（一）向不特定對象發行證券的；（二）向特定對象發行證券累計超過二百人的；（三）法律、行政法規規定的其他發行行為。非公開發行證券，

不得採用廣告、公開勸誘和變相公開方式。」

《中華人民共和國刑法》和《最高人民法院關於審理非法集資刑事案件具體應用法律若干問題的解釋》規定的「擅自發行股票、公司、企業債券罪」的構成要件包括：（1）未經國家有關主管部門批准；（2）向社會不特定對象發行、以轉讓股權等方式變相發行股票或者公司、企業債券，或者向特定對象發行、變相發行股票或者公司、企業債券累計超過200人，即「公開發行」，（3）數額巨大、後果嚴重或者有其他嚴重情節的。

從股權眾籌的角度來看，如果「向不特定對象發行證券」或者「向特定對象發行超過200人」的，必須經證監會核准。股權眾籌這種方式的本質就是面向大眾，準確地說本身就是面向不特定的大眾；而這又與現行的法律法規是完全相衝突的。在現法律法規的框架範圍內，股權眾籌想要不觸及法律法規的紅線，那就需要注意兩個紅線不能碰，一是向不特定的公眾發行股份；二是向超過200位特定的人發行股份。那麼，如何來規避現有法律的強制性規定呢？

（1）股權眾籌平臺不能採取完全開放式的運營模式，應當對使用者採取一定的限制，比如實行會員制，並且讓

會員進行實名登記認證，使不特定的大眾轉變為股權眾籌平臺特定的會員，從而避免觸及向不特定的公眾發行股份的紅線。

（2）股權眾籌平臺僅僅進行股權眾籌預約，股權眾籌預約後再由眾籌平臺安排投資人與融資人見面商談，股權眾籌線上下完成，這樣股權眾籌的對象也可以變成特定的人而非不特定對象。

（3）股權眾籌的對象與股權眾籌的發起人即進行股權眾籌的小微企業的全部股東不得超過200人；如果進行股權眾籌的小微企業是有限公司形式，全部股東不得超過50人；因此，進行股權眾籌的小微企業在設計股權眾籌方案的同時就應當將股權眾籌的人數以及需要眾籌投資的最低數額考慮進去。

（4）協議代持。一些股權眾籌專案在實際操作中採用協定代持的方式，變相地擴大眾籌參與的人數，實際上這本身就具有很大的風險，一方面雖然是股權代持，然而實際股東卻是超過200人，同樣觸及了「向特定對象發行超過200人」的紅線，另一方面由於股權眾籌的投資人來自五湖四海，完全素不相識，股權代持同樣隱含股權權屬爭議的法律風險。

（5）線下組建合夥企業。筆者不贊同這種採取股權代持的方式進行股權眾籌，傾向於採取由領投人與跟投人線下組建有限合夥企業的方式進行股權眾籌，投資股權眾籌企業，這既不違反公司法的規定，又不至於觸及了「向特定對象發行超過200人」的紅線。當然，最好的方法就是設定股權眾籌企業的全部投資人不超過50人。

2. 股權眾籌投資人的利益保護

股權眾籌投資人大部分本身就不是專業投資人，缺乏投資經驗，而且投資金額一般相對較小，相對於股權眾籌發起人以及主投人而言，往往處於更為劣勢的地位，其股東投資權益更容易受到侵害。因此，股權眾籌應當優先考慮到股權眾籌投資人的投資權益保護。

目前，中國比較流行的股權眾籌模式由領投人對某個項目進行領投，再由普通投資者進行跟投，領投人代表跟投人在投資後參與股權眾籌企業的經營管理，出席董事會，獲得一定的利益分成。這裏的領投人，往往都是業內較為著名的天使投資人。另外天使投資人往往會成為有限合夥企業的GP，但是如果領投人參與的眾籌項目過多，精力難以兼顧。

解決問題的核心需要股權眾籌企業完善公司治理，規範經營，加強資訊披露，確保投資人的知情權與監督權。

股權眾籌企業在設計股權眾籌方案時，應當將眾籌股東的退出機制予以充分考慮，而且應當在股權眾籌方案中予以披露。

眾籌股東的退出主要通過回購和轉讓這兩種方式，如採用回購方式的，股權眾籌企業自身不能進行回購，只能由公司的創始人或實際控制人或原有股東進行回購；採用股權轉讓方式，原則上應當遵循公司法的相關規定，同時最好在股權眾籌時就約定好退出的條件以及股權回購或轉讓的價格計算。

如果出資人直接持有公司股權，則相對簡單，但實踐中大多採用有限合夥企業，出資人如要轉讓或退出，就涉及到有限合夥份額的轉讓。關於這一點，也最好能在投資前的有限合夥協議書以及股權眾籌協定中予以明確約定。

3.股權眾籌與非法集資犯罪的差異

股權眾籌是投資者投入一定的資金，獲得公司的股權，獲取股權所帶來的收益。很顯然股權眾籌的行為特徵和非法集資存在較大的差別。

（1）判斷股權眾籌和非法集資犯罪的標準是是否承諾規定的回報。

非法集資犯罪通常都以承諾一定期限還本付息為標準，且承諾的利息往往會高於銀行的利息，而股權眾籌則是專案發起人通過眾籌平臺召集有共同興趣的朋友一起投資創業，股權眾籌沒有承諾固定的回報，其只是通過投資獲得相應的股權，從而獲取股權所帶來的收益。股權眾籌還會詳細告知投資人應承擔的責任或者享受的權利。

（2）判斷股權眾籌和非法集資的標準還有一個重要的標準就是是否干擾了金融機構的管理秩序。

只有當行為人非法吸收公眾存款，用於貨幣資本的經營，干擾到國家金融管理秩序時，才能認定擾亂金融秩序。而股權眾籌募集的資金，往往是投向一個實體的專案，不是進行資本的經營。所以說，股權眾籌不是非法集資。

（3）股權眾籌與擅自發行證券的差異。

證券，是各類財產所有權或債券憑證的通稱，是用來證明證券持有人有權依票面所載內容，取得相應權益的憑證。

《證券法》第二條適用範圍明確提到，在中華人民共

和國境內，股票、公司債券和國務院依法認定的其他證券的發行和交易，適用本法；本法未規定的，適用《公司法》和其他法律、行政法規的規定。政府債券、證券投資基金份額的上市交易，適用本法；其他法律、行政法規有特別規定的，適用其規定。證券衍生品種發行、交易的管理辦法，由國務院依照本法的原則規定。從證券法的規定來看，「公開發行證券」行為僅指「股票、公司債券和國務院依法認定的其他證券的發行和交易」。

股權眾籌是為解決小微企業的融資需求，通過眾籌平臺，向大眾召集股權眾籌投資人，共同投資股權型專案，其股權不能隨意公開轉讓；且並不是以不正當獲利為目的的公開出售股權和股票的行為；並不屬於《證券法》所規範的內容，不屬於該法提到的「公開發行證券」的情形。

4.股權眾籌需要特別注意的幾個問題

（1）股權眾籌平臺不得直接收取股權眾籌資金，股權眾籌資金必須由託管銀行或協力廠商支付機構收取。

股權眾籌平臺應當定位於只為融資投資雙方提供促成股權眾籌居間服務的互聯網金融服務平臺，應當起到居間中立的作用，股權眾籌平臺不得直接收取也不得接受股權

眾籌發起人的委託代收眾籌資金，股權眾籌資金必須由託管銀行或協力廠商支付機構收取；股權眾籌完成後，應當經股權眾籌平臺書面確認，由託管銀行或協力廠商支付機構將股權眾籌資金直接支付給股權眾籌發起人即融資人。股權眾籌未能在約定的期限內完成，股權眾籌平臺應當書面通知託管銀行或協力廠商支付機構將股權眾籌資金直接返還給股權眾籌投資人即通過原支付途徑返還給交款人。

（2）股權眾籌平臺不得為股權眾籌發起人即融資人提供任何擔保。

股權眾籌平臺應當獨立於股權眾籌發起人即融資人，除向股權眾籌發起人即融資人正常收取平臺傭金外，不得與股權眾籌發起人即融資人有其他經濟往來，以利於保持獨立的居間地位。股權眾籌平臺更不得為股權眾籌發起人即融資人向股權眾籌投資人提供任何形式的擔保。

（3）股權眾籌項目不應當存在由其他協力廠商為股權眾籌投資人提供任何形式的擔保。

股權眾籌的根本性目的就是為了解決小微企業或項目創意人的創意專案解決融資難的問題，引入低成本資金，促進小微企業的快速發展，增加贏利，從而使股權眾籌投資人的股權投資得到較好的回報。股權眾籌是一種股權投

資金額相對較小、投資風險較大並面向一般小微投資人的普惠金融。股權投資本身也具有投資風險大的特點，普通的公司股權投資也不存在其他協力廠商提供擔保的情形。如果引入其他協力廠商為股權眾籌投資人提供擔保，則違背了股權眾籌的根本性目的，勢必增加通過股權眾籌進行融資的小微企業的財務負擔，從而也攤薄了股權眾籌投資人的股權投資收益，違背了投資人參與股權眾籌的初衷；擔保一般是指一般債的擔保，而股權投資不同於一般債權，引入協力廠商為股權眾籌投資人也違背了股權投資的基本原則。因此，股權眾籌項目不應當存在由其他協力廠商為股權眾籌投資人提供任何形式的擔保。

 多彩投
——做有情懷的眾籌平臺

「『地產＋互聯網＋金融』這三者的結合還能碰撞出更多火花。我們要以此來改變傳統行業，甚至改變世界。」

　　近年來，眾籌成了全球市場上最熱門的話題之一。眾籌目前每天在全球融資兩百萬美元。這相當於每小時融資8.3萬美元，每分鐘1400美元。這樣的資料真是對傳統融資的巨大顛覆，這種商業模式不僅吸引了投資人的目光，更讓新一代創業者尋到了一片創業的沃土。

　　隨著全球眾籌融資的發展，中國眾籌融資也漸漸火熱起來，僅2014年上半年，中國眾籌領域發生的融資事件就有1423起，募集總金額18791萬元。雖然起步較晚，但中國的眾籌融資發展迅速，特別是隨著互聯網金融爆發式增長，眾籌融資有了許多新的嘗試，並不斷向各個細分領域延伸。於是最近兩年，中國各大互聯網巨頭紛紛涉足眾籌領域，佔據了很大的市場。但依然有許多創業者在夾縫中看到了新的機遇，開啟了獨一無二的眾籌模式。致力於新型空間眾籌的多彩投就是其中一分子。2014年，這個年輕而有情懷的團隊終於開啟了屬於自己的一方燦爛天地。

◎為有情懷、愛自由的人眾籌理想空間

　　2014年被稱為「中國眾籌元年」，多彩投的創始團隊在這個節點創辦了公司真是恰逢其時。

　　或許是這樣的一個事件引起了他們的關注──在美國華盛頓，房地產眾籌網站創業公司Fundrise獨闢蹊徑，將

房地產開發與眾籌結合起來，利用類似「團購」模式的眾籌融資讓普通人都可以加入到地產開發行業中，這的確是個讓人振奮的好點子，也得到了眾多投資者的喜愛。Fundrise因此完成了一輪高達3100萬美元的融資，這也在美國掀起了一股房地產眾籌熱。之後，Realty Mogul、RealCrowd、Groundfloor等同類型的網站都獲得幾十萬到數百萬美元不等的融資。

「我們正逢前所未有的機遇，我們的創始團隊分別來自傳統地產、互聯網、金融這三大行業，這三股力量的結合就自然而然就讓多彩投誕生了。」多彩投CEO趙耕乾說。

即便如此，多彩投並沒有照搬Fundrise的模式，而是在房地產眾籌領域尋找了更加細分的市場——青年公寓、聯合辦公、民宿客棧這三種業態作為切入點，開啟了中國新型空間眾籌的新模式，多彩投選擇的項目首先是環境優美的度假酒店、有特色的民宿客棧、天然綠色的有機莊園這樣有設計感且貼近當地文化的項目；其次，多彩投對項目的收益率有較高的要求，穩定且收益率較高是必要的條件；另外多彩投還會對專案的管理團隊進行背景調查，保證真實可信。在多彩投平臺上，所有的投資專案都是多彩好玩的，那裏有墟裏鄉舍，有小茶姑娘民宿，有南潯江南庭院精品酒店，還有杭州微＋客棧，光是景區中優美的自然風光就會第一時間打動你。「從居家到工作，再到休閒

度假，我想這一系列都應該讓人享受。我們就是為這樣有情懷、愛自由的人服務，說明他們眾籌理想空間。這是一件很不錯的事情。」作為90後的CEO，趙耕乾的想法別出心裁。

◎給傳統地產注入互聯網的基因

趙耕乾口中的那個聽起來富有浪漫色彩的商業模式，也許正在影響傳統房地產行業的發展。通過互聯網的參與，通過眾籌的新模式，傳統房地產的存在方式或許將發生巨大的轉變——不動產將成為動產，並且大大提升了房地產項目的融資效率，這或許正是房地產眾籌的魅力所在。

在傳統房地產金融從業多年，趙耕乾對房地產行業有著很深的理解，這也是多彩投能避開許多風險的關鍵。目前商業地產和住宅地產的收益率都非常低，甚至旅遊地產也遭遇了前所未有的打擊。「現在五星級酒店大都是賠錢的，但我們還是發現了有非常大利潤空間的分支——精品酒店，尤其是民宿客棧的生意是非常可觀的。既然作為投資平臺，投資收益就是最重要的。所以我們把目光集中在以民宿客棧為核心的幾個細分點上。」

找到了落腳點，之後的事情便順利許多。趙耕乾也漸漸從傳統行業走進了互聯網世界，在與合夥人的頭腦風

暴中,以及接觸並逐漸深入瞭解眾籌行業的過程中,趙耕乾終於找到了一條通往互聯網+時代的入場券。截至7月底,多彩投上線項目眾籌金額超過2000萬,預計今年年底眾籌規模超過一億。

如果沒有互聯網的參與,短時間內完成這些資料或許僅僅是一次空想。傳統房地產融資的效率非常低,「原來我們談100個客戶也不一定能成一單。但現在我們把項目放線上,一個多月就可以完成眾籌一個項目。」這樣的效率,相當於傳統房地產企業一年的工作。而用互聯網思維做房地產項目的融資,無論從產品反覆運算的速度,工作的效率,還是方向的調整上,都比傳統房地產企業更加快速。「互聯網思維是要快,我們產品的反覆運算十分迅速,從決策和反覆運算速度上看,目前兩三個月就相當於過去的一年。這就是『互聯網+』的魅力!」

◎收益與情懷共存的投資平臺

在此之前,金融投資一直是一種理性的投資手段,而多彩投的出現,似乎讓理性投資中又蘊藏著更多感性的部分。參與多彩投項目投資的用戶可以享受到其他投資所無法獲得的體驗。作為股權投資人,用戶不僅可以參與到項目的前期設計之中,每年還將有免費度假的權益,並會在

年底獲得盈利的分紅。一個項目的房間的使用權可以按時間劃分成很多份，使用權可以交換，也可以交易，資產和股權可以份額化。比如，在已經完成眾籌的大理洱海船長客棧，參與眾籌的12個人每人每年都可以當一個月的客棧掌櫃，這讓用戶既能獲得收益，又可以在客棧度假享受，還能參與客棧運營的決策。這樣的用戶體驗絕對讓你耳目一新。

與此同時，對於專案方而言，當專案在多彩投眾籌平臺上線時起，就開始了一種新形式的市場推廣。平臺不僅可以籌錢，還可以籌人，籌資源。這又是對傳統地產融資和推廣的一個顛覆。

作為90後的互聯網新人，趙耕乾覺得目前的所作所為還遠遠不夠，「我們就想做個性化的服務，我們還有很多更高更大的理想。我們不僅僅要做平臺，未來我們會整合線上、線下，通過眾籌，通過早期對項目的投資和參與來改造我們生活的空間，甚至改變我們的城市。我們要做定制化智慧城市投資發展商。」趙耕乾在創業的道路上激情飛揚，「『地產＋互聯網＋金融』這三者的結合還能碰撞出更多火花。我們要以此來改變傳統行業，甚至改變世界。」

你也可以利用網路集資創業
網路融資寶典：眾籌

作者：閻岩
發 行 人：陳曉林
出 版 所：風雲時代出版股份有限公司
地址：105台北市民生東路五段178號7樓之3
風雲書網：http://www.eastbooks.com.tw
官方部落格：http://eastbooks.pixnet.net/blog
信箱：h7560949@ms15.hinet.net
郵撥帳號：12043291
服務專線：(02)27560949
傳真專線：(02)27653799
執行主編：劉宇青
美術編輯：吳宗潔

法律顧問：永然法律事務所李永然律師
　　　　　北辰著作權事務所　蕭雄淋律師
版權授權：馬鐵
初版日期：2017年3月

ISBN：978-986-352-437-3

總 經 銷：成信文化事業股份有限公司
地址：新北市新店區中正路四維巷二弄2號4樓
電話：(02)2219-2080

行政院新聞局局版台業字第3595號
營利事業統一編號22759935

國 家 圖 書 館 出 版 品 預 行 編 目 資 料

你也可以利用網路集資創業 網路融資寶典：眾
籌 / 閻岩 著. — 初版. — 臺北市： 風雲時
代, 2017.01
　　面； 公分
ISBN 978-986-352-437-3(平裝)
1.融資管理 2.電子商務
562.33　　　　　　　　　　　105023520